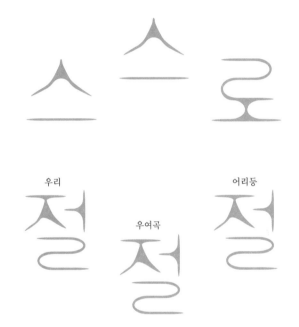

스스로

우리 　　　 어리둥

절 　우여곡　 절　절

클리어마인드
CLEARMIND

차례

| 여는말 |　　　나눔 없는 나눔의 마음

| 선원장 스님 |

아침이면 눈을 뜹니다.
오늘 하루가 내 앞에 있습니다.
나누지 않는 나눔의 마음으로...
감사합니다!
고맙습니다!
108배로 하루를 시작합니다.
어제 같은 일이 벌써 17년째 이어 온 날들입니다.

불교에서 말하는 108은 번뇌와 짝을 이룹니다.
108번뇌.
불교에서는 왜 108번뇌라고 지칭할까요?
사람이 살아오면서 겪는 일들 중에 모르는 부분이 너무 많이 일어납니다.

모르다 보니 자신도 모르게 괴로움을 겪는 일들이 숱하게 많습니다.
그때마다 고통이라는 감정이 일어나 마음을 끝없이 괴롭게 합니다.

여러분은 어떠한가요?
모르는 고통을 겪고 있지는 않은가요?

저는 모르는 고통을 참 많이 겪은 것 같습니다.
살면서 죽음의 문턱을 넘나든 적이 여러 번 있었습니다.
스무 살 초반에는 상어잡이 배를 탔다가 죽음의 문턱까지 갔으며,
삶과 죽음이 오고 가는 베트남 전장에서는 눈앞의 죽음이 직면했음을 느낀
적도 있었습니다.
사업을 하면서 스트레스로 몸으로 겪을 수 있는 최악의 상황에 극심한
고통을 받았습니다.

지나온 길을 돌아보게 되었습니다.

한낱 물거품 같은 세상에서 변하지 않는 것은 "태어나면 죽는다"는
것이었습니다.
모든 것이 무상했습니다.

이것이 있으므로 저것이 있고 이것이 사라지므로 저것이 사라집니다.
태어남이 있으면 죽음이 있다는 것은 당연한 이치이지만 그것이
괴로움이고 고통이었습니다.
어느 날 갑자기 죽음이 자기 앞에 나타난다면 아마 당신도 모를 일입니다.

모른다.
내일 아침 여러분은 눈 뜨고 일어날까요?
다만 확실한 건 모른다는 겁니다.

30여 년 전
사람의 생각으로는 마음대로 되는 것이 없음을…
세상이 무너지는 것 같은 현실 앞에서 허무하고 무상함이 마음에 와닿았을
때 저는 절을 시작하게 되었습니다.
초파일만 절에 다니는 무늬만인 신자가 108배로 수행을 시작한 것입니다.
무조건 새벽에 일어나 절을 시작으로 하루를 열었습니다.
꼿꼿이 서서 합장하고 몸과 마음,
그리고 세상 만물 만상, 모든 것에 감사하는 마음으로, 정성을 다해 그대로
무릎을 꿇고 손으로 바닥을 짚고 땅에 이마를 내려놓았습니다.

머리에는 차가운 기운이, 발끝에는 따뜻한 기운이 모입니다.
절은 대충 흉내만으로도 훌륭했습니다. 날마다 절을 하니 아프던 무릎도
점점 나았습니다. 수술을 해야 한다고 했는 데도 어느새 거뜬하게
나았습니다.
마음의 경계가 풀리니 굳어 있었던 몸도 서서히 풀리면서 흐름이
자연스럽게 순환한다는 걸 알았습니다.
그리고 차차 몸과 마음에서 일어나고 있는 것에 알아차림하니 나타났다

사라지는 것이 시비 없이 자연스러웠습니다.
무쇠솥이 녹아 기타 줄이 되고, 기타 줄이 녹아 다리 난간도 되고,
다리 난간이 녹아 다시 무쇠솥이 되는, 세상 모든 건 순환되는구나… 그러니
내 것이라 할 것도 없다… 이것이 바로 고통의 바다를 건너 피안에 이르는
지혜다.
하지만 몸으로 받아들인 감각은 버릇이 되어 시시때때로 싫다 좋다
분별하고, 욕망을 일으켰습니다. 욕망은 살아있음을 증명하듯 끓어오르고,
그에 비례하듯 괴로움도 생겼습니다. 고통의 바다에 빠지는 건
순식간입니다. 그러니 몸으로 살아온 수많은 생의 습들도 바른 것에 훈습
되도록 챙기면서 살아가야 합니다.

어느 날 부처님이 수행자에게 묻습니다. 끝없이 나고 죽는 윤회의
길에서 몸을 받아 근심하고 슬퍼하며 흘린 눈물이 많겠는가 저 바닷물이
많겠는가.
수행자가 대답합니다.
윤회 길에서 몸을 받아 근심하고 슬퍼하며 흘린 눈물이 저 바닷물보다
많습니다.
착하고 착하다. 물질은 언제나 무상한가 그렇지 아니한가.
무상합니다.
무상한 것은 괴로움이고, 무너진다. 무엇을 '나라'할 것이며, 내 것이라 할
것이 없다.
그러자 수행자는 단박에 열반에 이르는 길을 알아챕니다.

수행자들이야 이렇듯 세수하다 코 만지듯 깨우치건만,
하물며 저에겐 멀고 먼 길이었습니다.
의심이 일어 여기저기 이곳저곳 기웃거렸습니다.
버젓이 있는 몸은 버릇에 젖어, 두 번째 화살을 불러들였고
허우적거렸습니다.

그렇지만 하루도 절을 멈추지 않았습니다.

수행은 쫓아가거나 구하는 것이 아니라 내려놓는 것이다. 한없이 자신을
낮추며 가장 아래로 내려놓는 것이 수행이다.
몸으로 받아들이는 욕망을 하나하나 떠올리고,
바라보고,
내려놓는 것이다. 고통으로 고통을 지워 나가는 것이다.
이렇게 알고 십수 년 동안 매일 절을 하였습니다. 출장 중일 때도 절 타올을
챙겨 베개 위에 깔고 함이 없는 절을 하였습니다. 그러다 어느 날 오롯한
한배가 바로 올바른 절이라는 마음과 일심이 되었습니다.
그리고 지금까지 왜 제가 절을 하게 되었는지 알게 되었습니다. 그 한배를
알기 위해 수많은 방편의 절을 해왔던 것이었습니다.

절은 한없이 자신을 낮추고 낮추어, 하심하고, 발심하여, 참회하고,
감사하는, 지극한 마음으로, 합장하여
정에 들어
일심이 되어
서원으로...
이르는 효과적인 방편일 것입니다.
절은 학문적인 지식이나
해박한 불교 용어, 유창한 선어록의 구사도 필요하지 않습니다.
그리고 지금 처한 어떠한 조건도 관계가 없습니다.
그저 하심의 자세로 발심과 서원으로 끈기 있게 그냥 하는 것입니다.

부처님은 열반에 이르는 길을 팔만 사천 법문으로 펼치셨습니다.
온갖 번뇌 망상이 천차만별 다르니까 그에 맞춰 처방을 달리 쓴 거지요.
하지만 핵심은 하나입니다.
이것이 있으므로 저것이 있고,
이것이 없으므로 저것이 없다.

그렇게 살다가 머리도 깎고,
사대오온은 나의 것이 아니고, 내가 아니고,

나의 자아가 아니다.
이 말씀 속에 누구에게도 구할 필요 없는 진검이 나 자신에게 있는 것을
알았습니다.
108번뇌가 108가지 지혜가 되는 것을 알게 되었습니다.

이제 속지 않습니다.
다시 오지 않을 문 없는 문.
길 없는 그 길을...

온 세상 만생 만물이 한 송이 꽃임을.

늘 절을 하면서 감사하는 마음으로 부처님 은혜에 빚 갚는 일은
밥값 하는 길이라고 다짐하고 다짐했습니다.
바로, 108배로 열반에 이르는 지혜를 나누자 하는 겁니다.

여러분은 여러분과 가장 가까이 있는 몸이 무엇인지 궁금하지
않으신가요?
정말로 그것이 나일까요?
절을 하면서 그 궁금증을 풀어 보시기를 바랍니다.

끝으로 책으로 라도 여러분들께 다가가려고 십 년을 넘게 기회만 보다가
여기 '사단법인 여시아문' 선원에 와서 떠날 수 있는 크나큰 인연 지어
주신 두 분 스승님과 여러 도반 스님들께서 같이 할 수 있어서 가능한
일이었습니다.
일 년 가까이 다 같이 절을 하면서 애쓰신 도반 스님들,
클리어마인드 대표 묘솔 스님과 임직원님들께 고마운 말씀을 전합니다.

열반으로 가는 길, 108배로 여는 아침에는 누구든 모두 두루두루 괜찮으면
좋겠습니다.

나를 망각하는 일심삼매에 들수 있는 기적수행

| 김주일 현대불교신문 편집국장 |

사회적 성공으로 남부럽지 않은 삶을 사신 여시아문 서울선원장 향산 스님이 2년 전 늦깎이 출가로 주변을 놀라게 하더니, 이번에는 당신이 30여 년 이상 오랜 시간 직접 체험하고 경험해 만든 깨달음의 정수인 '우리절 108배'를 통해 '절 수행 마스터'로 거듭나 또 한번 놀랐다.

솔직히 꼭 불자가 아니더라도 평생동안 누구나 절 한번 안해 본 사람은 없을 것이다. 하근기 불자가 방석 하나만 있어도 가장 손쉽게 할 수 있는 것이 '절 수행'이기 때문이다. 적어도 향산 스님이 '우리절 108배'를 가르쳐 주기 전까지는 말이다.

하지만 첫 대면한 '우리절 108배'는 기존 절 수행과는 분명 달랐다. 처음 배우는 과정에서 삼배조차 지속하기 힘들 정도로 두 손을 모으는 합장부터 힘들었다. 두 손 모두 힘주고 꽉 붙여야 하는지, 적당이 힘빼고 떼어도 되는지 처음에는 몰라서 어색하고 불편했다. 특히 상체의 이완과 하체의 힘을 잃지 않는 것이 기본인 우리절은 앞꿈치와 발가락 힘으로 모든 동작을 이어가는 것이 특징이다. 하나의 연결 동작을 통해 몸으로만 하는 단순한 절과는 달리, '우리절 108배'는 각각의 분절된 동작들이 의식의 흐름을 자연스럽게 만들어 주었다. 그 흐름에 집중하다보니 절하고 있는 나를 망각했다. 절이 나이고 내가 절이 된 '일심삼매'의 경지가 완연히 느껴졌다. 하지만 한편으로는 의심도 생겼다. 초보인 탓에 동작이 익숙치 않아 육체적으로 힘들다보니까 오히려 정신적인 몰입 단계가 상대적으로 더 깊어진 것은 아닐까 하는 것이었다. 그 의문들은 절을 지속적으로 반복하면서 조금이나마 해소됐다. 우리절은 하면 할수록 합장부터 무릎닿기, 손짚기, 오체투지와 접종례까지 동작 하나마다를 알아차리고 집중하게 구성돼 절 동작들이 몸밖으로 빠져 나가지 않음을 깨달았다. 물론 절을 할 때마다 육체의 힘듦과 정신의 몰입이 교차로 일어나고 사라지기가 반복됐다. 그 과정서 잠시나마 몸과 마음이 하나로 집중되면서 절이라는 동작조차 잊은 끊어짐 속에서 오는 고요한 선정도 맛보게 해 주었다. 본래 부처인 우리가, 허상인 가짜 나에 속아 참나(진아)를 잃고 괴로움 속에서 살아가는 모습은 너무 안타깝다. 때문에 몸과 마음이 서로 조화를 이루어가는 하나의 유기적 과정인 '우리절 수행'을 통해, 우리는 충분히 본래 부처의 모습으로 돌아갈 수 있을 거란 확신이 들었다. 이를 위해 절 수행시 이 책에 나와 있는 완벽한 자세와 동작, 알아차림 등으로 의식을 열고 우리 몸을 밝은 에너지로 꽉 채워야 할 것이다. 그렇게 되면 우리 몸은 최적 상태가 되고 저절로 수승화강(水昇火降), 두한족열(頭寒足熱)이 이루어진다. 이렇게 머리는 시원하고 발은 따듯하게 해 주었을 때, 우리 몸은 가장 이상적인 상태가 되고 마음도 평안을 찾게 된다. 또렷한 알아차림으로 완벽하게 하는 '우리절 108배' 역시 중생의 탁한 기운을 정화시켜 부처님처럼 맑고 깨끗한 기운도 얻게 해줄 것이다.

인간의 기억과 생각들은 대부분 부정적이다. 이게 다 생각, 감정, 오감과 의식이 하나되어 만들어진 '가짜 나' 때문이다. 가짜 나, 에고 중생은 결국 자기밖에 모른다. 자신을 위해서 목숨을 건다. 그러나 역설적이게 그럴수록 자신은 더 힘들고 더 불안하고 더 괴롭다. 머릿속의 부정적인 기억들과 가슴속 감정들, 그리고 머리를 복잡하게 하는 생각들을 다 놓아 버려야 한다. 답답하게 가둬놓고 괴로워하지 말고 '우리절 108배 수행'으로 온전한 행복과 자유를 누려 보기를 권한다. 몸으로만 받아들인 감각의 기억은 시비를 분별하고 욕망을 일으킬 수 있지만, '우리절 108배'는 안에 숨어있는 진아의 향기를 발견하는 수행이니만큼 한번도 만난적 없는 스스로를 어쩌면 더욱 빠르게 만날 수 있게 해 줄지도 모른다.

짧은 시간 해본 어줍잖은 체험으로 감히 단정지을 순 없지만 머리 복잡하고 괴로운 현대인들에게 이 책은 시원한 감로수 역할을 톡톡히 해 줄 것으로 기대된다. 몸과 마음을 온전하게 알아차리고 다스려 행복의 길로 나아가는 방법을 담고 있기 때문이다. 아울러 이 책을 통해 저자 자신은 물론이고 수많은 사람들을 고통과 절망서 희망과 행복의 길로 이끌어준 '우리절 108배 수행'의 구체적이고 생생한 방법과 효능들을 만날 수 있을 것이다. 특히 '우리절 108배'는 코로나19 시대에 마음의 안정과 평화에도 좋다. 이 절은 하는 행위 자체보다 몸과 마음의 변화를 지켜보는 과정을 더욱 중요시 여기기 때문이다. 즉 지관수행법의 또 다른 변형이라 할 수 있다. 마음이 찰나에 밝아짐을 즉석 체험하는 기본 수행인 만큼 이를 매일 매일 습관화하면 분명 참선 명상 염불 수행의 효과보다 배가된다.

21세기 인류 사회는 에고와 중생의 번뇌 망상, 시비분별, 잡생각으로 인해 인간성이 다 파괴되어 가고 있다. 출세한 사람, 성공한 사람, 잘난 사람, 못난 사람 모두가 근심 걱정과 불안, 초조 속에서 살아간다. 부처님께서 깨달으신 가르침의 핵심은 순수의식, 참마음, 참나, 불성으로, 또렷이 깨어서 살아가라는 것이다. 절 수행은 이를 위한 확연한 방편이다. 이는 감각과 느낌을 알아차리고(색안이비설신), 감각적 쾌락과 탐욕이 사라지는 인류가 해야할 불교 수념 수행이다. 또한 손을 모아 합장 후 스스로를 낮추는 절은 '불' '법' '승' 삼보에 대한 예를 올리는 경건한 자세임과 동시에 상대에게 자신을 낮추고 스스로를 돌아보는 '하심'의 표현이기도 하다. 우리는 이 절 수행을 통해 우주의 중심, 몸과 마음의 중심에서 우주 기운을 모으고 온몸으로 순환 시키며 자신의 몸과 맘을 온전히 깨어서 지켜봐야 할 것이다.

이 책에서 또 한 가지 더욱더 눈여겨볼 것은 '심우도 108 경구'이다. 심우도는 방황하는 사대오온을 발견하고 깨달음에 이르기까지 과정을 야생소(사대오온)를 길들이는 데 비유해 10단계로 그린 그림이다. 인간에게는 누구나 불성(佛性)이 있는데 소를 자신이라고 착각하여 불성을 잃어버리고 방황하는 소를 데리고 스스로의 집으로 데려오는 것을 비유한 그림이다.

다시 말해 수행자가 인간의 본성을 찾아 깨달음에 이르는 과정을 목동이 소의 본질이 무엇인지를 찾는데 비유했다. 소와 동자가 등장하는데 소는 사대오온이고 동자는 모두의 스스로다. 이것처럼 '심우도 108 경구'는 불교의 모든 경전과 깨달음을 108개의 간결한 문장으로 녹여냈다. 한 경구마다 각각 모두 스스로를 찾는 과정을 충실히 담았다. 108개중 단 하나의 울림만 있어도 족할 것 같은 비장한 심정으로 꾹꾹 눌러 써놓은 것 같다. 그래서 말과 글의 한계와 경지를 뛰어넘는 선기가 느껴진다. 다시는 돌아오지 않을 문없는 문과 길없는 길, 심우도 108 경구와 함께하는 우리절 108배 수행이 108지혜를 낳고 깨달음의 세계로 안내하는 지름길이라는 확신을 추천사로 갈음하고자 한다.

절절히 절하며 절이 저절로 스스로

| 묘솔 스님 |

절? 해봤다! 할 줄 안다! 했지만, 아니었습니다.

선원장 스님이 긴 시간 몸으로 직접 체험하시고 생생하게 나누어 주신 '우리절'은 내가 알고, 내가 해봤던 절과는 달랐습니다. 해본 적 없던 절이었고, 했지만 무엇을 했는지 알 수 없는 절이었습니다. 합장에서 시작되는 각각 분절된 동작이 이음새 없는 하나의 흐름이 되고, 그 자연스러운 순환 속에서 절 하는 자가 사라집니다. 놀랍지 아니합니까? 누구도 절 밖에 나가지 않고, 절 안에 들어오지 않으니 그대로 저절로! 절을 보고, 절을 하다가, 절을 익혀, 절도 잊고 나도 잊으니 그대로 심우도! 절은 절대로 아름다우며, '심우도 108 경구'는 한 문장 머금는 것만으로 모든 말과 행위를 그칠 수 있게 합니다. 진실로 눈 있는 자는 자신의 견해를 던지고, 생각을 멈추고 글자 밖을 감싸고 있는 그 소리 없는 법향을 맡을 것입니다.

책이 물화되어 나오기까지 사단법인 여시아문 선원의 모든 스님이 물심양면으로 도와주셨습니다. 두 분 스승님이 법문으로 내어 주신 문장을 함께 새기고 품으며 다듬었고, 아침과 밤으로 함께 절하였습니다. '도반이 수행의 전부'라는 말처럼 같은 곳을 바라보는 선원의 스님들이 계셨기에 지치지 않고, 기쁘게 작업을 할 수 있었습니다. 이 지면을 빌려 감사와 존경을 전합니다.

세상에는 지식을 가르치는 책이 많습니다. 그러나 지식을, 추구를 그치라고 하는 책은 많지 않습니다. 알고 가르치는 이들이 많아 소란한 때에 불교전문 출판사 클리어마인드에서는 말보다는 침묵을 직시하는, 지식을 버리는 지혜를 책에 담아내고자 합니다. 적지 않은 시간 동안 책을 출간해 왔지만,『스스로 우리절』는 지금까지 만들어 온 책과는 다릅니다. 이 책 한 권은 번민이 쉬어질 수 있는 그 한 마음을 담았습니다. 그러므로 한 발 한 발 멈춤의 길을 가는 이들에게 이 책이 나무 그늘 아래 편안한 쉼터 같은 좋은 도반이 되길 바랍니다.

스스로

지금 이 순간 잠시 멈추어 정말 '나'라고 할 수 있는 것이 있는지 살펴보십시오.
태어나는 순간은 기억나지 않고, 불리는 것은 붙여진 이름이며, '나'라는 것은 불완전한
기억의 총체일 뿐입니다. 우리가 부르는 것은 고정되어 있는 관념 속의 당신이 아니라
'스스로' 입니다. 태어난 적 없는, 고정된 개념과 편견, 주입된 문화가 모두 씻겨진, 단 한
생각도 들어온 적 없는 성품인 그것을 우리는 '스스로'라고 부릅니다. 태어남은 돌고 도는
멈출 수 없는 거짓된 현상일 뿐입니다. 이 사실을 믿는 것은 참으로 어려운 일임을 잘 압니다.
그 쉽지 않은 믿음의 새김을 이 책이 함께할 것입니다.

'우리절'의 '우리'와 '스스로'는 누군가를 지칭하지 않습니다.
인칭 너머를 이름할 뿐입니다.

우리절

- 고苦를 올바로 볼 수 있는 우리절은, 합장하고 시작부터 끝날 때까지 정에 들어 무아의 절을 합니다.

- 오온, 12처, 18계를 알아차림하고 마음이 밖을 향하지 않으며, 심우도 108 경구를 수지하여, 호흡과 함께 새김하며 절합니다.

- 우리절은 움직임을 크게 하지 않습니다. 앞과 뒤, 옆으로 흔들지 않으며, 특히 반동으로 움직임에 도움을 주지 않습니다. 양손 엄지는 양손 검지에 기대고 양발 엄지 발가락을 서로 기대어 밀착하여 붙이고 양 무릎도 붙일 수록 올바른 절을 하는데 좋습니다.

※합장자세에서 무릎과 발가락이 붙지 않아도 절을 하면서 붙일 수 있습니다.

1.
| 우리절 108배 |

1.1
심우도 108 경구

올바로 가신 부처님, '내가 있다'는 한 생각, 괴로움을 괴로움인 줄 모르고 살아왔습니다. '나'와 '남'이 없는 바른 눈으로 지금 여기에서, '나'라는 고통의 뿌리를 뽑아 부처님의 참된 제자로 살겠습니다.

삼귀의

    1. 거룩한 부처님께 귀의합니다.

    2. 거룩한 가르침에 귀의합니다.

    3. 거룩한 떠난 님께 귀의합니다.

1단계
소를 찾아 나서다

    4. 애초에 이름 없는데 찾는 마음 무엇입니까?

    5. 내 생각으로 경을 본다면 경을 본 것이 아닙니다.

    6. 여래는 모양과 소리로 찾을 수 없습니다.

    7. 한 말씀하신 적 없다는 뜻 기쁨이 됩니다.

    8. 지금부터 보여질 것이 기쁨이 됩니다.

    9. 지금부터 들려질 것이 기쁨이 됩니다.

    10. 지금부터 알려질 것이 기쁨이 됩니다.

    11. 지금부터 하여질 것이 기쁨이 됩니다.

    12. 참된 도반이 함께하여 기쁨이 됩니다.

    13. 한발 한발 가르침에 젖어 들겠습니다.

2단계

소의 자취를 발견하다

14. 한 생각 물든 마음이 괴로움으로 알아집니다.

15. 생각 생각 이어가는 마음이 집착으로 알아집니다.

16. 한 생각 바로 알아차림이 소멸로 알아집니다.

17. 하나되어 본 적 없음이 바른길로 알아집니다.

18. 올바른 가르침이 바른 견해로 알아집니다.

19. 사량분별 없음이 바른 사유로 알아집니다.

20. 존중하는 마음이 바른 언어로 알아집니다.

21. 함이 없는 선행이 바른 행위로 알아집니다.

22. 두루 살피는 언행이 바른 생활로 알아집니다.

23. 방일하지 않는 노력이 바른 정진으로 알아집니다.

24. 가르침의 수호가 바른 새김으로 알아집니다.

25. 가르침으로 향하는 전념이 바른 집중으로 알아집니다.

26. 이것이 있으므로 저것이 있습니다.

27. 이것이 일어나므로 저것이 일어납니다.

28. 이것이 없으므로 저것이 없습니다.

29. 이것이 사라지므로 저것이 사라집니다.

30. 바른 가르침 들리니 분별 속에 있었다는 것이 알아집니다.

3단계

소를 보다

31. 네 가지 진리 알지 못함이 무명이었습니다.

32. 무명의 거짓된 업력이 형성이었습니다.

33. 형성의 거짓된 인식이 의식이었습니다.

34. 의식의 거짓된 표현이 명색이었습니다.

35. 명색의 거짓된 모양이 육입이었습니다.

36. 육입의 거짓된 환상이 접촉이었습니다.

37. 접촉의 거짓된 감각이 느낌이었습니다.

38. 느낌의 거짓된 싫고 좋음이 갈애였습니다.

39. 갈애의 거짓된 '나'가 집착이었습니다.

40. 집착의 거짓된 '나의 것'이 존재였습니다.

41. 존재의 거짓된 '나의 자아'가 태어남이었습니다.

42. 태어남의 거짓된 몸이 늙고 죽음이었습니다.

43. 바르게 듣고 보니 모양과 소리에 실체 없음이 전해집니다.

4단계

소를 얻다

44. 본래 부처라고 믿는 마음이 대신심입니다.

45. 오온을 나라고 하는 자에 대한 의문이 대분심입니다.

46. 생각으로 헤아리는 자에 대한 의문이 대의심입니다.

47. 균형을 잃지 않음이 염각지입니다.

48. 선택해야 할 것 없음이 택법각지입니다.

49. 양변에 치우침 없음이 정진각지입니다.

50. 물질과 비물질의 벗어남이 희각지입니다.

51. 경계에 흔들림 없음이 경안각지입니다.

52. 경계가 사라짐이 정각지입니다.

53. 버려야 할 것 없는 것이 사각지입니다.

54. 다툼이 사라지니 나누고 싶은 마음 간절합니다.

5단계

소를 기르다

55. 알아차림과 새김으로 근심을 제거하며, 몸에 대해 몸을 관찰합니다.

56. 알아차림과 새김으로 근심을 제거하며, 느낌에 대해 느낌을 관찰합니다.

57. 알아차림과 새김으로 근심을 제거하며, 마음에 대해 마음을 관찰합니다.

58. 알아차림과 새김으로 근심을 제거하며, 사실에 대해 사실을 관찰합니다.

59. 몸의 무상함 마음에 들립니다.

60. 입의 무서움 마음에 들립니다.

61. 생각의 해로움 마음에 들립니다.

62. 태어남이 있으면 탐심이 일어납니다.

63. 이룸이 있으면 성냄이 일어납니다.

64. 죽음이 있으면 어리석음이 일어납니다.

65. 다르다는 마음 사라지니 너와 나 본래 없음이 전해집니다.

6단계

소를 타고 집에 돌아가다

66. 청정하여 물들지 않는 것이 계향입니다.

67. 자성은 경계에 움직임 없는 것이 정향입니다.

68. 구분하되 물듦 없는 자재함이 혜향입니다.

69. 너와 나 없는 두루함이 해탈향입니다.

70. 오고 감 없는 일체함이 해탈지견향입니다.

71. 분별하는 마음 두고 여여히 보냅니다.

7단계

소를 잊고 사람만 남다

72. 삼계에 경계가 없습니다.

73. 사대에 내가 없습니다.

74. 오온에 실체가 없습니다.

75. 육근에 뿌리가 없습니다

76. 육경에 모양이 없습니다.

77. 육식에 바탕이 없습니다.

78. 뒤돌아보니 찾았다는 마음 흔적도 없었습니다.

8 단계

사람도 소도 잊다

79. 선정이 욕망을 멀어지게 합니다.

80. 멀어지게 하는 힘이 집중하게 합니다.

81. 집중하게 하는 힘이 냉철하게 합니다.

82. 냉철하게 하는 힘이 청정하게 합니다.

83. 청정하게 하는 힘이 공간을 무한하게 합니다.

84. 공간이 무한하므로 마음 작용이 무용합니다.

85. 마음 작용이 무용하므로 머물 곳이 없어집니다.

86. 머물 곳이 없어지므로 처음이 해소됩니다.

87. 처음이 해소되므로 끝이 소멸됩니다.

88. 연기를 보는 자는 진리를 보고 진리를 보는 자는 여래를 봅니다.

9단계

근원으로 돌아옴

89. 이익을 보았다면 보시바라밀 행하라는 가르침입니다.

90. 불익을 보았다면 지계바라밀 행하라는 가르침입니다.

91. 비방을 들었다면 인욕바라밀 행하라는 가르침입니다.

92. 칭찬을 들었다면 정진바라밀 행하라는 가르침입니다.

93. 산란한 생각이 든다면 선정바라밀 행하라는 가르침입니다.

94. 착한 마음이 두루하면 반야바라밀 행하라는 가르침입니다.

95. 즐거운 느낌이 들어도 애착하지 않고 기뻐하지 않는 마음이 지혜입니다.

96. 괴로운 느낌이 들어도 슬퍼하고 분노하지 않는 마음이 지혜입니다.

97. 즐겁지도 괴롭지도 않은 느낌이 들어도 유혹과 위험을 보는 마음이
    지혜입니다.

98. 서로 화합하고 감사하며 다투지 않는 마음이 지혜입니다.

10단계

저잣거리로 들어가 진리의 손을 드리움

99. 생로병사에 내가 없는 마음이 지혜입니다.

100. 여섯 감역이 내가 될 수 없는 마음이 지혜입니다.

101. 다섯 가지 집착다발이 내가 될 수 없는 마음이 지혜입니다.

102. 무상하고 괴롭고 변화하는 것은 내가 될 수 없는 마음이 지혜입니다.

103. 탐욕과 성냄과 어리석음이 소멸되는 길을 아는 마음이 지혜입니다.

104. 만들어진 모든 것 꿈이고 환이고 물거품이며 그림자로 아는 마음이
     지혜입니다.

105. 건질 중생 없는 것이 중생을 다 건지는 지혜입니다.

106. 끊을 번뇌 없는 것이 번뇌를 다 끊는 지혜입니다.

107. 들을 법문 없는 것이 법문을 다 배우는 지혜입니다.

108. 이룰 불도 없는 것이 불도를 다 이루는 지혜입니다.

**올바로 가신 부처님, 늙고 병들고 죽고 태어남이 없는 줄 모르고 티끌 같은 몸과
마음을 따라왔습니다. 이제 진리의 가르침에서 물러나지 않고 떠난 적 없는
참성품에 머물겠습니다.**

참회게

원하오니 사생육도 모든중생들
다겁생래 지은업장 없애주소서
저희이제 간절하게 참회하오니
모진악업 나쁜번뇌 녹여버리어
세세생생 보살도를 성취하옵길
정성다해 머리숙여 절하옵니다

회향게

바라오니 이공덕이
모두에게 두루미쳐
나와모든 중생들이
부처님의 옳고바른
가르침에 태어나서
나고죽음 없음알아
열반으로 누려지이다

나무

　　석가모니불

나무

　　석가모니불

나무

　　시아본사 석가모니불

마하반야바라밀다심경

관자재보살이 깊은 반야바라밀다를 행할 때,
오온이 공한 것을 비추어 보고 온갖 고통에서 건너느니라.
사리자여! 색이 공과 다르지 않고 공이 색과 다르지 않으며,
색이 곧 공이요 공이 곧 색이니, 수 상 행 식도 그러하니라.

사리자여! 모든 법은 공하여 나지도 멸하지도 않으며,
더럽지도 깨끗하지도 않으며, 늘지도 줄지도 않느니라.
그러므로 공 가운데는 색이 없고 수 상 행 식도 없으며,
안 이 비 설 신 의도 없고, 색 성 향 미 촉 법도 없으며,
눈의 경계도 의식의 경계까지도 없고,
무명도 무명이 다함까지도 없으며,
늙고 죽음도 늙고 죽음이 다함까지도 없고,
고 집 멸 도도 없으며, 지혜도 얻음도 없느니라.

얻을 것이 없는 까닭에 보살은 반야바라밀다를 의지하므로
마음에 걸림이 없고 걸림이 없으므로 두려움이 없어서,
뒤바뀐 헛된 생각을 멀리 떠나 완전한 열반에 들어가며,
삼세의 모든 부처님도 반야바라밀다를 의지하므로
최상의 깨달음을 얻느니라.

반야바라밀다는 가장 신비하고 밝은 주문이며 위없는 주문이며
무엇과도 견줄 수 없는 주문이니,
온갖 괴로움을 없애고 진실하여 허망하지 않음을 알지니라.

이제 반야바라밀다주를 말하리라.
아제아제 바라아제 바라승아제 모지 사바하
아제아제 바라아제 바라승아제 모지 사바하
아제아제 바라아제 바라승아제 모지 사바하

1.2

또바기 :
언제나 한결같이 꼭 그렇게 하는 힘

우리절 기본원칙

우리절 준비하기

동작 중 숫자세기

매일 아침 또바기 절을 할 수 있는 힘은 '생각 없음'에 있습니다. '한 동작을
제대로 해내기 위해서 만 번의 연습이 필요하다'는 한 운동선수의 말처럼
스스로가 되는 오롯한 한배를 위해 몇 번의 절이 필요할지는 아무도 모릅니다. 한
번이 될 수도 있고, 십만 번이 될 수도 있습니다.

그러므로 저절로 일심一心인 절의 참 맛이 알려지는 순간까지 절을 계속 해
나가는 것이 중요합니다. 무엇에도 방해받지 않고 혼자일 수 있는 새벽이 절을
지속하기에 가장 좋은 시간입니다. 일찍 일어나는 것과 절, 두 가지 모두에
익숙하지 않은 몸이라면, 어떠한 한 생각이 떠오르기 전에, 눈을 감은 채로 두
손을 모아 비벼 봅니다. 두 손바닥이 맞닿아 생긴 따뜻한 온기가 느껴지면 그대로
양 손바닥을 두 눈 위에 올려 마사지해줍니다. 왼쪽, 오른쪽, 위, 아래 꼼꼼히 눈을
움직이고, 양쪽 귀를 손바닥으로 10회 이상 비벼주고, 이마, 콧등, 잇몸 위 아래,
얼굴과 앞 뒤 목 등을 문질러 주면 일어난다는 생각 없이도 깨어나게 됩니다.
절은 전신 운동으로 허리, 척추, 목, 어깨, 팔꿈치, 손목, 고관절, 무릎, 발목, 몸의
9대 관절을 전부 움직입니다. 눈과 귀 마사지로 정신이 깨어났다면, 누워서
머리끝부터 발끝까지 뼈 마디 마디를 스트레칭해주고 알아차림하며 몸을 천천히
일으킵니다.

이렇게 이불을 걷고 일어나면, 그동안 몸이 익숙해진 습은 더 이상 내가 아닙니다.
매일을 하루처럼 '내'가 한다는 것 없이, 눈을 떠 '그냥' 움직일 수 있다면
꾸준함이 지루함이라는 생각의 옷을 입고 몸을 붙잡지 않습니다. '나'라는 틀 없이
있으면 몸과 마음을 온전히 바라보기 쉽습니다. 일어나기 싫은 기분, 더 자고 싶은
피곤함, 찌뿌둥한 몸과 마음의 동일시에서 벗어나게 됩니다. 그 순간, 한 번도
만난 적 없는 스스로를 만나게 될지도 모릅니다.

'이 몸과 마음은 나의 것이 아니며, 내가 아니며, 나의 자아가 아니다.'
이제 준비운동을 시작해봅니다.

우리절 기본 원칙

- 상체는 이완되어 편안하고, 하체에는 힘이 들어가 있습니다.
- 복식호흡을 기본으로 하지만, 절을 오래하다 보면 자연스럽게 복부로 호흡이
  가능해지게 되므로 인위적으로 호흡을 신경 쓰지 않아도 괜찮습니다.
- 무리하지 않고 각자 몸의 조건에 맞게, 가능한 범위에서 움직입니다.
  예)O형 다리, X형 다리는 무리해서 무릎과 허벅지를 꼭 붙이지 않아도 됩니다.
- 자연스러운 움직임 속에서 알아차림을 놓치지 않습니다.
- 한배의 오롯한 절과 일만 배의 절은 차이가 없으나, '108'이라는 수가 108가지 번뇌를
  의미하므로 108번의 절로 본래 그러한 스스로의 성품 밝힐 수 있도록 새김함에
  이로움있어 108배를 권합니다.

*

'안·이·비·설·신·의=여섯 뿌리(육근)'가 '색·성·향·미·촉·법=여섯 경계(육경)'에 접촉할 때
좋음·싫음·좋지도 싫지도 않음, 세 가지 인식 작용을 하게 되어 '육 곱하기 삼'으로 '십팔
번뇌'가 되고 여기에 과거·현재·미래, 삼을 곱하면 '오십사 번뇌'가 됩니다.
'육근'에 의하여 대상을 지각할 때 생겨나는 '안식·이식·비식·설식·신식·의식=여섯 마음
작용(육식)'에도 즐거움·괴로움·즐겁지도 괴롭지도 않음, 세가지 인식 작용을 곱하면 이
역시 '십팔 번뇌'가 되고 과거·현재·미래를 곱하면 '오십사 번뇌'가 되므로 '오십사 더하기
오십사'는 '백팔 번뇌'가 됩니다.

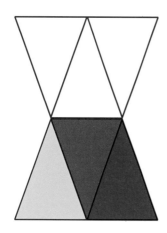

우리절 준비하기

준비물:
편안한 긴 팔(부), 긴 바지(두폭 바지), 도톰한 양말,
절 방석(50 ~ 75cm, 엎드려 손이 짚이는), 방석보다 긴 타올, 작은 수건

아침에 절을 시작할 수 있다면 가장 좋겠지만, 밤 중 잠자기 30분쯤 전에 해도 좋습니다.
하루를 시작하고 마무리하기에 절은 참 적합한 수행입니다. 어느 때라도 매일 홀로,
한배의 절을 정성으로 할 수 있다면 족합니다.

우리절은 방석 위에 서서 절하지 않습니다. 방석 위에 서서 절을 하게 되면 발을 완전히
지면에 밀착시켜 안정적으로 절을 할 수 없고, 절을 하면서 방석이 몸을 따라 자꾸
움직이게 됩니다. 절 방석을 앞에 두고 조금 떨어져 바닥 위에 바로 섭니다. 발의 위치는
방석 가장자리에 무릎이 놓일 수 있는 정도의 거리면 적당합니다.

절을 많이 하다 보면 손과 온몸에 땀이 날 수 있으므로 방석에는 방석보다 긴 타올을 하나
깔고, 엎드려 손이 위치하는 곳에 작은 손수건을 두면 손과 얼굴에서 나는 땀을 흡수할 수
있고, 조금 더 안정적으로 절을 할 수 있게 돕습니다.

절을 하다 보면, 발바닥에 힘이 많이 가해지므로 지면과의 마찰을 줄이기 위해 조금
도톰한 양말을 신고, 방석에 살이 쓸리지 않도록 긴 팔, 긴 바지를 입는 것을 권합니다.

동작 중 숫자 세기

동작을 하며 숫자를 세는 대신, 아래의 예시를 순서대로,

마음 가는대로 외우고 거꾸로도 외웁니다.

*숫자 셋은, 삼법인, 탐·진·치 등.

*숫자 넷은, 사성제, 사념처 등.

*숫자 다섯은, 오온, 오력 등.

*숫자 여섯은, 육근, 육바라밀 등.

*숫자 일곱은, 칠각지 등.

*숫자 여덟은, 팔정도 등.

*숫자 아홉은, 구차제정 등.

*숫자 열은, 십변처 등.

*숫자 열둘은, 십이연기 등.

1.3
아침을 여는 향기로운 준비운동

작기운동
어깨운동
어깨 손목 풀기
무릎돌리기

시작되는 마음에 따라서 모든 배움을 여는 향기가 달라집니다. 우리절은 마음을 여는 가벼움과 몸의 이완이 서로 조화를 이루어가는 하나의 유기적인 과정입니다. 준비운동에서 마음을 열어 하나하나 바르게 따라 하게 되면 기본적인 체력과 바른 자세에 필요한 근력이 충분하게 생겨나 자연스럽게 연결 동작으로 이어져 이것이 끊어짐 없는 절의 흐름과 일치하게 됩니다.

우리절은 밖으로부터 향기를 찾는 것이 아니라 안에 숨어 있는 향기를 발견하는 절입니다. 동작을 똑같이 따라 해야 한다는 근심은 놓아버리고 긴장 없는 기쁜 마음으로 함께 합니다.
우리절은 상체의 이완과 하체의 힘을 잃지 않는 것을 기본으로 합니다. 특히 앞꿈치와 발가락 힘으로 모든 동작을 이어간다고 해도 과언이 아닙니다. 처음에는 힘이 가지 않던 새끼발가락 끝까지 힘이 들어감을 느낄 수 있습니다.

준비운동으로 몸을 예열하고, 근육을 수축 이완하게 하는 것이 절을 해 나가는 데 큰 도움이 됩니다. 또한 몸에게 이제 절을 시작할 것임을 알리는 예고의 역할을 해주기도 하니, 본격적인 절에 앞서 아래의 동작들을 차분히 따라 하면 기본적인 하체의 근력이 증진되고, 체중이 실려 자칫 무리가 갈 수 있는 손목이 강화되며, 어깨와 무릎 관절들을 풀면서 몸과 마음을 다 풀어내는 효과를 얻게 됩니다.

절을 할 때뿐만 아니라 일상생활을 하면서도 준비운동 동작들을 틈틈이 꾸준히 해 나가다 보면 절을 하는 힘을 키울 수 있을 뿐만 아니라, 절을 하다 알아차림을 놓치는 순간 이어질 수 있는 부상을 예방할 수 있습니다.

Tip.
향기로운 준비운동의 각 동작은 자신의 속도에 맞게 해 나갑니다. 최소 10초 이상 멈추어 자세를 유지하면 근육의 이완을 더 생생히 느낄 수 있습니다. 준비운동을 하는 동안 모든 동작을 늘 알아차림 합니다.

작기운동

[기본 동작]

- 벽면을 한쪽 손바닥으로 짚고 그림과 같이 몸이 일렬로 정렬되도록 바르게 섭니다.
- 허벅지 안쪽에 힘을 주고, 두 엄지발가락, 발뒤꿈치, 무릎을 붙입니다.
- 아랫배가 납작하게 들어가고, 엉덩이가 조여지는 것을 알아차림 합니다
- 발가락으로 서는 것처럼 두 발뒤꿈치를 붙인 채 천천히 들어 올리고, 그 상태에서 한 번 더 올린 다음 발꿈치가 지면에 닿지 않도록 반복하여 올리고 내립니다.

[심화 동작]

- 손바닥으로 벽을 짚는 것에 익숙해졌다면, 엄지손가락부터 새끼손가락까지, 손가락을 바꾸어 가며 하나씩 짚어 숫자도 세고 손가락 스트레칭도 병행합니다.
- 몸이 높이 위로 솟는 것처럼 발끝으로 차오르듯 발뒤꿈치를 든 상태로 1분 이상 정지 동작으로 있으면 발목, 발바닥, 종아리 등 하체 근육이 강화됩니다.
- 발뒤꿈치를 높이 들고, 내려갈 때 더 힘을 주면서 천천히 내려갑니다.
- 하체의 힘과 균형 감각이 갖추어졌다면 벽을 짚지 않고 두 손을 내린 채 발꿈치를 들어올렸다 내리기를 자유롭게 할 수 있습니다.
- 발뒤꿈치를 들어 올릴 때 날숨, 내릴 때 들숨으로 호흡과 함께 해봅니다.

[Point]

- 너무 빠르거나 느리지 않게 반복하며, 자신만의 속도를 찾아봅니다.
- 하루 중 언제든지 서 있을 수 있다면 어디서든 할 수 있는 동작으로, 장소나 시간에 제약없이 하체 전신 운동이 가능합니다.

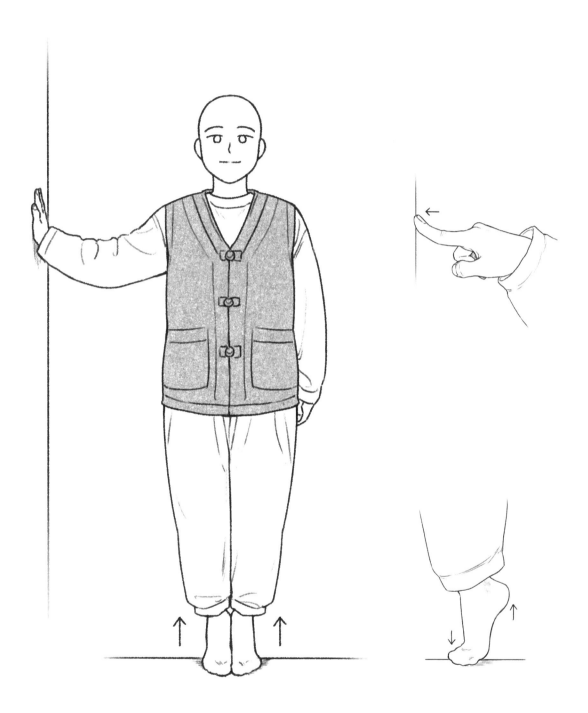

어깨운동

[기본 동작]
- 몸통이 정면을 향하게 하고 바르게 섭니다.
- 허벅지 안쪽에 힘을 주고, 두 엄지발가락, 발뒤꿈치, 무릎을 붙입니다.
- 아랫배가 납작하게 들어가고, 엉덩이가 조여지는 것을 알아차림 합니다
- 한쪽 팔을 가슴 앞으로 곧게 뻗고, 반대쪽 팔을 굽혀 뻗어있는 팔을 몸 쪽으로 당깁니다.

[심화 동작]
- 뻗어 있는 한쪽 팔의 팔꿈치 위치에 반대쪽 팔을 겹쳐 넣고 지그시 눌러 최대한 몸 쪽으로 당길 때 시선은 반대쪽으로 향하게 합니다.
- 몸통의 방향은 정면을 유지한 채 어깨만을 당겨 어깨와 턱의 위치가 같아지게 합니다.
- 당길 때 날숨, 팔을 바꿀 때 들숨으로 호흡과 함께 해봅니다.

[Point]
- 하체는 단단히 고정하고, 고개를 어깨 반대로 향하게 합니다.
- 어깨를 솟게 하는 것이 아니라 내려서 당기며, 어깨와 등 근육이 늘어나는 것을 느낍니다.

어깨 손목 풀기

[기본 동작(양쪽)]

- 허벅지 안쪽에 힘을 주고, 두 엄지발가락, 발뒤꿈치, 무릎을 붙입니다.
- 아랫배가 납작하게 들어가고, 엉덩이가 조여지는 것을 알아차림 합니다.
- 몸통이 정면을 향하게 하고 바르게 선 후, 한쪽 팔을 어깨와 수평으로 하고 손바닥이 위를 향하게 합니다.
- 반대쪽 손바닥과 손가락으로 뻗은 팔의 네 손가락을 감싸고 몸 안쪽으로 지그시 당깁니다.
- 충분히 손목이 이완되었다면, 반대쪽 손으로 뻗은 팔의 엄지손가락을 몸 안쪽으로 당깁니다.

[심화 동작]

- 한쪽 팔을 어깨와 수평으로 하고 손바닥이 위를 향하게 한 후, 반대쪽 손으로 뻗은 팔의 네 손가락을 감싸고 몸 안쪽으로 천천히 최대한 당겨 손목과 디귿자를 이루도록 합니다.
- 당길 때 날숨, 손가락과 손을 바꿀 때 들숨으로 호흡과 함께 해봅니다. 이 호흡은 일상생활과 운동 어느 동작에서든 적용할 수 있습니다.

[Point]

- 조금씩 네 손가락을 몸 쪽으로 꺾는 각도를 늘려가며 손가락과 손목 관절의 힘과 유연성을 기른다.
- 동작 후 손목과 어깨를 털어내어 마무리합니다.

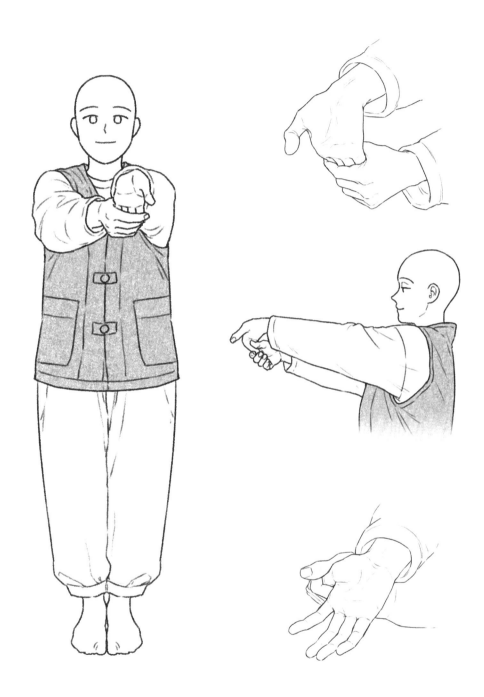

무릎돌리기

[기본 동작]

- 허벅지 안쪽에 힘을 주고, 두 엄지발가락, 발뒤꿈치, 무릎을 붙이고 무릎을 약간 굽힙니다.
- 허리를 앞으로 조금 숙이고 양손으로 무릎을 잡고, 중지와 검지가 각각 무릎 관절의 홈이 파인 부분에 쏙 들어가게 위치시킵니다.
- 엄지손가락과 약지, 새끼손가락은 무릎을 감싸듯이 잡습니다.
- 무릎을 앞, 왼쪽, 오른쪽으로 네 번씩 밀어줍니다.
- 무릎을 한쪽 방향으로 원을 그리듯이 돌리고 반대쪽으로도 돌립니다.
- 무릎을 안에서 밖으로 원을 그리듯이 돌리고 반대쪽으로도 돌립니다.

[심화 동작]

- 무릎을 돌릴 때 양 발이 꼭 붙어 떨어지지 않도록 유의하며 돌립니다.

[Point]

- 무릎 관절의 유연성을 키워주는 운동인만큼 무릎 주변의 근육들을 인식하고 관절 주변을 마사지해 이완을 돕습니다.

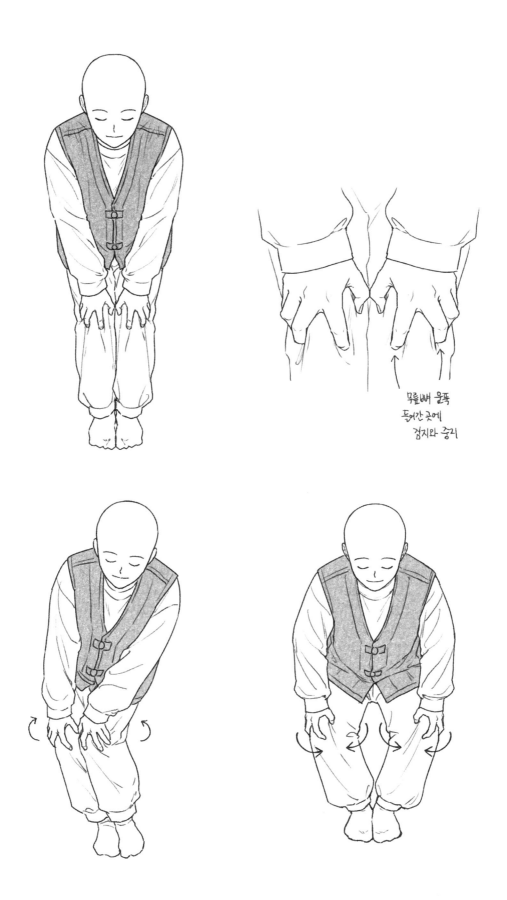

무릎뼈 윤쪽
둥어간 곳에
검지와 중지

1.4

우리절 종류

반배
앉아서 하는 절
예불 및 친견
손모으기
바로서기

절은 공경과 예의를 표현하는 몸짓과 그 몸짓에 담긴 마음이라 할 수 있습니다.
그러므로 절의 종류도 우리가 일반적으로 '큰 절'이라고 부르는 절 이외에 두 손을
모으는 합장, 허리를 굽히는 반배, 무릎을 꿇고 앉는 절, 한쪽 무릎을 바닥에 닿게
하고 다른 한쪽 무릎을 세우는 절, 두 무릎을 땅에 붙이고 합장하는 절, 오체를
모두 땅에 붙이는 절 등 그 범위가 폭넓습니다. 참으로 존경하는 마음을 담은
몸짓이라면 그 어떤 모습도 훌륭한 절이 될 것입니다.

이 책에서는 우리절 종류를 크게 두 가지로 나누었습니다. 반배, 앉아서 하는
절, 예불 및 친견 때의 절, 이를 예경의 절로, 합장과 우리절을 명상 수행의 절로
분류했습니다. 예경과 수행이 따로 있어 이렇게 구분한 것이 아니라 그 때에
맞는 움직임에 이름을 붙여 놓은 것뿐입니다. 때때로 우리는 예경하기 때문에
진실로 예경을 하지 못하고, 수행을 하기 때문에 진실로 수행하지 못합니다.
'내'가 예경을 하고 있다, 어떤 대상에게 공경을 표현하고 있다고 여긴다면
그것은 불손이 됩니다. 불.법.승 삼보에 예를 다해 절 할 때 부처님, 가르침, 승가
이 세 가지가 모두 부처의 다른 이름이라는 것을 알아야 합니다. 부처는 각기
다른 이름으로 불리지만 본래 모양과 소리가 없는 우리 스스로입니다. 우리가
이 사실을 사실로 받아들일 때, 우리 자신이 불.법.승 삼보가 되어 예를 갖추어
절하고 있음이 와닿을 것입니다.
불.법.승 삼보가 나와 다르지 않고, 나와 그 어떤 것도 다르지 않아 나라 부를
것이 따로 없을 때 예경의 절과 명상 수행의 절이 하나가 되고, 움직임과 멈춤이
다르지 않으며, 수행을 시작하고 끝내지 않습니다. 방석 앞에서 절을 시작하며
수행을 시작하고, 방석을 정리하고 문밖을 나가며 수행을 끝냈다고 말하지
않는 것입니다. 그래서 지금이 열립니다. 출발과 도착을 정하지 않아서 모든
순간 수행이 되어지고, 존경할 대상을 정해 두지 않아서 지극한 예가 저절로
갖추어지며, 끊어져 본적이 없음으로 절하게 됩니다.

어렵게 느껴지나요? 논리적 사고력을 잠시 내려놓고 이해하려는 시도를 그칠
때 이해가 이미 거기 있을 것입니다. 그러므로 새기기를 당부드립니다. 우리절은
절하기 위해 절하는 것이 아닙니다.

- 합장 자세에서 그림처럼 머리를 숙이거나 들지 않으며 허리를 90도 정도 숙여 절을 합니다.

[Point]

- 절의 시작과 마지막을 여닫는 인사이며, 도반과 함께 절을 마친 후, 서로에게 반배하며 감사를 표합니다.
- 머리를 숙여 반배하면 상대의 모습은 보이지 않습니다. 나의 모습 나의 마음 그대로가 대상의 모습이며 마음이 됩니다. 즉, 대상은 없습니다.

- 앉은 자세에서의 절하기는 합장을 한 그대로 그림처럼 바로 주저 앉아 오체투지 접종례를 합니다.
- 남방가사를 입었을 때, 비좁은 환경에서 예경할 때 등 합니다.

[Point]
- 그림처럼 주저 앉아 벌어진 양발 발뒤꿈치 사이에 엉덩이가 정중앙에 들어갔는지 점검해봅니다.

- 예불 및 스승님을 친견할 때의 절하기는 합장을 한 그대로 내려와 앉은 자세의 절과 동일하게 오체투지, 접종례 한 후, 일어서는 동작에서 그림처럼 상체를 먼저 세우고 앉으면서 일어납니다.
- 목탁치며 절 할 때, 어른 스님 친견 때 등 행합니다.

[Point]
- 예불 및 어른 스님 친견할 때의 절은 움직임을 간결하게 하여 정성스럽게 합니다.

합장 | 손모으기

- 새끼손가락이 마주 닿게 양 손바닥을 펴고 엄지를 검지에 기대어 붙입니다.
- 그 상태 그대로 양손을 살며시 포개어 모아줍니다.
- 손가락 사이에 틈이 없이 가지런하고 양 손끝이 모두 닿아있습니다.
- 손바닥 사이는 맞닿아도 좋고 공간을 두어 작은 금붕어 한 마리가 담겨있을 만한 연꽃 봉우리 모양을 만들어도 됩니다.
- 손에 너무 힘을 주어 긴장이 생기지 않도록 주의합니다.
- 모인 손은 가슴 앞에 두고 양 팔꿈치는 옆구리에 가볍게 붙입니다.

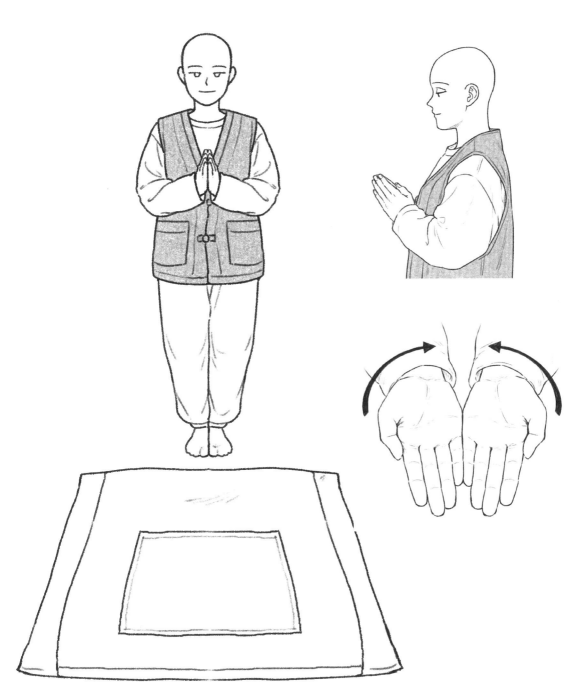

합장 | 바로서기

- 양발의 엄지발가락과 발뒤꿈치를 붙이고 발바닥 전체를 지면에 닿게 합니다.
- 양 발바닥이 땅을 짓누르듯 단단하게 고정하고 무릎과 허벅지를 붙입니다.
- 아랫배가 당겨지고 하체 전반과 엉덩이에도 힘이 들어가 상체를 바르게 세웁니다.
- 앞꿈치 쪽에 무게중심이 있어 살짝 앞으로 기운 느낌이 듭니다.
- 하체에는 흔들림 없이 힘이 들어가 있고, 상체와 어깨에는 힘이 빠져 자연스럽습니다.
- 어깨는 살짝 젖혀지며 가슴을 폅니다. 귀와 어깨의 거리는 멀어질수록 좋습니다.
- 키가 커지는 느낌이 들며 정수리는 위로 높이 향하고, 시선은 대상을 갖지 않고 정면을 향하게 눈을 가볍게 뜹니다.
- 턱을 가슴 쪽으로 15도 정도 당기며 자연스럽게 머리는 뒤로 약간 밉니다.
- 옆에서 바라보았을 때 귓불, 어깨 끝 중앙, 발목 바로 옆 복숭아뼈 선으로 정렬합니다.

합장하고 바르게 서 있는 것은 쉬워 보이지만 막상 해보면 쉽지 않다는 것을 금세 알 수 있습니다. 합장한 상태로 10분 아니, 5분 서 있는 것도 어려운 일입니다. 움직이지 않고 가만히 서 있고 싶지만, 몸은 뜻대로 있어 주지 않습니다. 앞으로 뒤로, 좌로 우로 흔들흔들하고, 몸의 안팎의 진동이 요란하게 느껴지며 몸의 무엇도 조절할 수 없음이 와닿을 것입니다. 이때 당황하지 말고 호흡을 고르고 자연스럽게 머리끝부터 발끝까지 내가 아닌 오온의 무더기를 관찰합니다. 이렇게 몸을 보고, 그 몸을 보는 마음도 볼 수 있다면 그대로 정에 듭니다.

합장하고 바르게 섰을 때 나는 위치도 없고 방향도 없습니다. 좌와 우, 옳은 것과 그른 것, 그 무엇을 나와 나 아닌 것으로 나누지 않고, 그저 스스로 있을 때 일심인 오롯한 한배가 108배도 되고 만 배도 되는 그 환희가 저절로 와닿을 것입니다. 합장하고 중심이 잡히면 감사함을 느끼게 됩니다. 이 몸을 가지고 절할 수 있는 감사, 호흡할 수 있는 감사, 주변 모든 것에 대한 감사, 부처님을 만난 감사함, 참회할 것이

따로 있는 것이 아니라 이 다함 없는 감사가 진참회입니다.

합장은 절의 시작이며 마지막입니다. 이는 합장에서 시작해 하나의 흐름을 이루며 행해지는 동작의 끝이 다시 합장이 되는, 눈으로 보이는 일원상을 말하는 것이 아닙니다. 정에서 움직이면 무엇이 정이고, 무엇이 동이 되겠습니까? 동정이 따로 없어 함이 없는 절을 할 수 있어, 저절로 스스로입니다.

1.5
우리절 움직임

우리절 | 한동작 : 일원상
합장하고 선 자세
무릎닿기
손짚기
오체투지와 접종례
앉으며 손짚기
일어나기 준비 동작
합장하며 일어서기
읽거나 새기면서, 호흡하며 절하기
마지막 절 후 고두례 자세

합장한 자세 그대로 내려가면 우리절이 됩니다. 108번의 절이 한배로 이어지는 끊어짐 없는 움직임이 시작된 것입니다. 빛과 물의 한 부분을 베어낼 수 없듯 각기 다른 동작들이 자연스러운 하나의 흐름을 이루게 하기 위해서 처음에는 노력이 필요합니다.

예를 들어 '합장한 몸을 숙이지 않고 꼿꼿하게 무릎을 굽혀 내려가면서 발뒤꿈치를 무릎이 내려가는 것과 비례하게 점점 벌립니다. 무릎이 내려가며 발뒤꿈치는 들리고 앞꿈치로 서게 되는데, 새끼 발가락에 온 체중이 간다는 느낌으로 활짝 벌려진 양 뒤꿈치 사이에 엉덩이를 넣고 앉으면 무릎이 살포시 방석 끝에 놓여집니다.' 우리절의 동작 중 일부분인 이 두 문장이 몸에 완전히 익어 동작을 하며 어떤 생각이 떠오르지 않고, 애씀이 없기 위해서는 오직 절을 하는 것에만 힘을 쏟는 정진이 필수인 것입니다.

우리는 좌선에 들때 몸과 마음이 흔들리지 않고, 바른 자세로 있어야 한다는 것에 대해서는 쉽게 동의하면서도 움직임에 대해서는 다른 생각을 갖습니다. 움직일 때는 모든 것이 함께 흔들리는 것이 당연하게 느껴집니다. 그러나 움직일 때도 좌선을 할 때와 꼭 같습니다. 따로 무엇을 찾거나 구하는 것이 아니라 좌선을 하는 그 앉음 자체에 오롯한 만족이 있듯, 움직일 때도 그 움직임에 대한 어떤 기대나 좌절 없이 있다면 움직임 속에 완벽한 고요를 발견하게 될 것입니다. 앉아있을 때만 고요한 것이 아닙니다. 우리절은 고요한 움직임을 통해 똑같이 고요한 선에 듭니다.

절을 하며 '하심'한다는 표현을 많이 씁니다. '하심'을 흔히 '자신을 낮추고 남을 높이는 마음'이라고 알지만, 사실 하심이란, '나'을 놓아버림으로써 양변을 여의는 것을 뜻합니다. '나'라는 중심이 놓아지니 절을 하는 대상도 있을 수 없습니다. '나'의 절이 아니고, '나'의 앉음도 아닙니다. 남자도 여자도 아닌, 본래 '스스로' 부처인 진정한 자신에게 절할 수 있을 때 따로이 말할 필요 없는 하심이 됩니다. 세상은 이미 절이 되어있습니다. 그러므로 우리가 어느 때, 어느 장소에서라도 절할 수 있다면 '스스로'가 '스스로'에게 절하는 그 움직임 만이 고요할 것입니다.

우리절 | 한 동작 : 일원상

'손을 모으는 합장, 마음을 모으는 합장, 손과 마음을 모으는 합장, 손과 마음을 잊는 합장' 합장을 하고 절을 할 때마다 이러한 과정이 일어나고 사라지기를 반복합니다. 처음에는 두 손을 모으는 것조차 어렵습니다. 힘을 주어야 하는지 빼야 하는지, 손을 모두 다 붙여야 하는지, 조금 떼어도 되는지, 가슴 앞에 두 손이 어색하기만 합니다. 그러다 합장 자세가 편안해지면 절을 하는 중에도 생각이 들어옵니다. 처음 손을 모을 때 어떻게 해야 할지 몰랐던 것처럼 생각을 어떻게 해야 할지 모릅니다. 그러다 생각이 고요해지면 절을 하면서 '손의 합장'이 아닌 '마음의 합장'을 알게 됩니다. 마음의 합장은 잠시나마 마음이 하나로 집중되면서 손의 합장이라는 동작을 잊어버린, 끊어짐에서 오는 고요한 즐거움입니다.

절을 하면서 얻는 고요는 많은 변화를 가져옵니다. 절이 힘들다, 힘들지 않다가 아닌 자연스럽게 움직이고 있는 동작을 지켜보게 됩니다. 그렇게 지켜보다 보면 '손과 마음을 모으는 합장'으로 이어집니다. 자세의 자연스러움에만 마음이 움직이고 있었다면 이번에는 모든 움직임 하나하나에 알아차림하므로 깨어서 절과 합장을 하는 모습을 발견하게 됩니다. 이러한 과정이 생길 때쯤이면 절을 지속해가는 힘을 얻었을 것입니다. 이 얻음이 생길 때 절에 대한 전환이 필요하지만, 그 전환점을 찾는 것은 참 어렵습니다.

우리는 호흡을 하며 호흡한다는 마음 없이, 시작되는 호흡도 없고 끝나는 호흡도 없는 호흡을 알고 있습니다. 이처럼 시작됨과 끝남이 없는 합장인 '손과 마음을 잊는 합장'을 하게 된다면 참으로 절을 한 것이고 참으로 합장하는 순간이 됩니다.

그래서 우리절은 저절로 스스로 절입니다. 하나입니다.

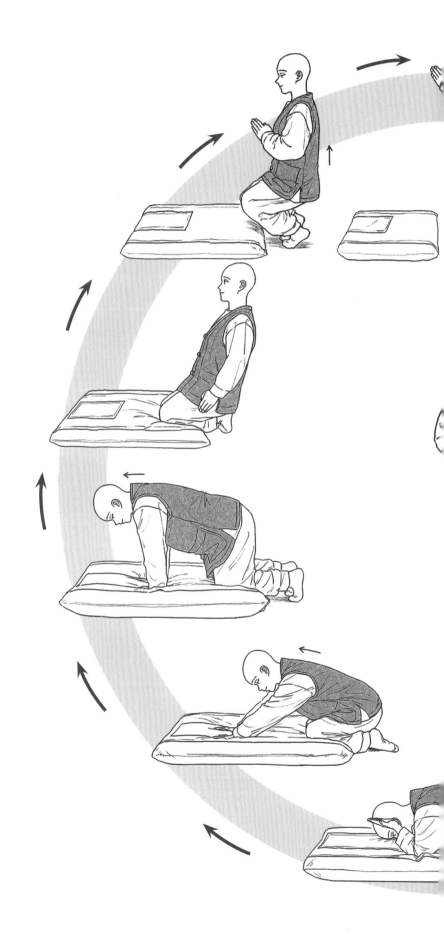

합장하고 선 자세

- 시선을 정면으로 하되 대상을 갖지 않고 눈은 가볍게 뜹니다. 눈을 감기 직전까지 가볍게 뜬 상태에서 시선이 코끝을 향하되 코에 시선을 두지 않고, 눈꺼풀의 어둠과 밝음의 경계선 윗부분을 바라봅니다.
- 정수리에서 발바닥 용천혈까지의 맥박을 의식합니다.
- 머리끝에서 발끝까지 혈의 흐름을 느껴봅니다.
- 몸의 움직임과 마음의 변화를 알아차림 합니다
- 의심하거나, 집중되는 것이 있다면 그것이 곧 화두가 됩니다.
- 들숨 날숨 호흡을 챙깁니다.
- 들이 쉬면서 숨을 세고, 내쉬면서 수를 셉니다.
- 지금 여기에서 이렇게 절을 할 수 있는 모든 인연에 감사함을 느낍니다.
- 하심하고 하심하여 이번 생에 기어코 끝마치리라는 발심을 합니다.
- 올바로 가신님을 존중하며 행복한 마음으로 한배 한배 정성으로 절을 시작합니다.
- 위의 순서나 내용과 관계없이 정에들 수 있으면 그대로 하십니다.

[Point]
- 합장은 절의 가장 중심이 되는 자세로, 바르게 서 있고 하체에 힘이 들어가 있는 상태가 마지막까지 유지됩니다.
- 양 엄지손가락, 엄지발가락, 무릎은 항상 붙어 있어야 합니다.
- 합장한 자세로 사마타, 위빠사나, 화두, 호흡관, 수식관 등이 가능합니다.

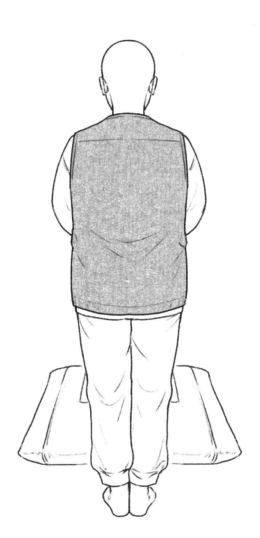

무릎닿기

- 합장한 자세 그대로 허리를 구부리지 않고 서서히 내려가면서 발뒤꿈치를 최대한 넓게 벌립니다.
- 양 엄지발가락이 붙어 서로 밀듯이 하며, 두 무릎도 틈 없이 꼭 붙입니다.
  예)O형 다리, X형 다리는 무리해서 무릎과 허벅지를 꼭 붙이지 않아도 됩니다.
- 무릎을 방석 가장자리에 놓기 전 앞꿈치와 열 개의 발가락으로만 앉습니다.
- 무릎은 방석 가장자리에 털썩 떨어뜨리는 것이 아니라 살포시 가볍게 놓습니다.
- 완전히 벌어진 뒤꿈치 사이로 엉덩이가 쏙 들어가게 넣습니다.
- 앞꿈치와 발가락 열 개로 상체 체중을 다 받는 것처럼 무게를 싣습니다.

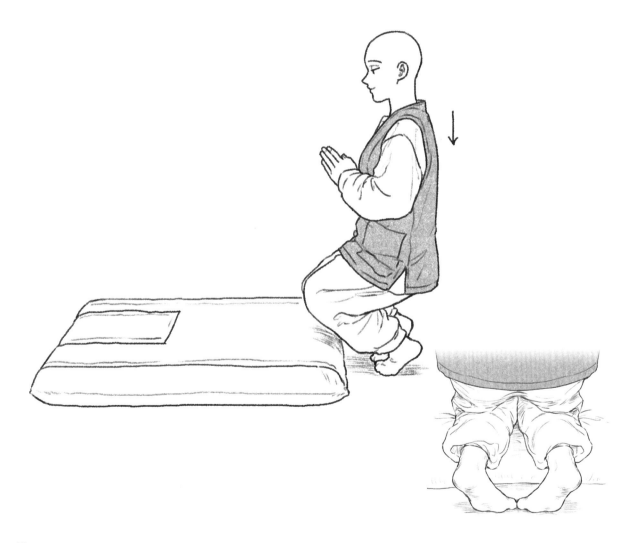

[Point]

• 발뒤꿈치를 완전히 벌리면 새끼발가락까지 자극이 강하게 갑니다. 처음 할 때는 앞꿈치와 발가락의 고통이 심할 수 있습니다. 그렇지만 무릎 닿기 자세를 반복하면서 상체의 무게를 앞꿈치와 발가락에 싣는 훈련을 하면 발뒤꿈치 벌어지는 각도가 점차 넓어지고 새끼발가락 끝까지 힘이 생기게 됩니다.

• 엉덩이를 흔들어 양 발꿈치 안쪽으로 틈새 없이 끼웁니다.

• 어깨에 힘을 주지는 않았는지, 시선을 바르게 유지하고 있는지, 배를 내밀지 않았는지 인식해봅니다.

손짚기

- 손을 멀리 짚어 엎드립니다.
- 양손은 나란히 정십일 자로 하고 넓이는 무릎 옆 선을 넘지 않도록 유의합니다.
- 등을 굽히지 않고 머리도 숙이지 않은 채 그대로 몸통을 앞으로 이동시키면서, 왼쪽 엄지발가락을 오른쪽 엄지발가락 위에 걸칩니다.
- 엎드렸을 때 양손과 무릎이 몸과 직각이 되도록 합니다.

[Point]
- 손을 짚을 때 체중이 앞으로 조금 실리면 허리 아랫부분은 역 아치를 이룹니다.
- 평소 손목운동을 하여 손목을 강화하였다면, 무리 없이 할 수 있는 동작이지만 절하는 중 손목에 통증이 온다면 손목을 털거나 풀어주면서 동작을 계속해 나갈 수 있습니다.

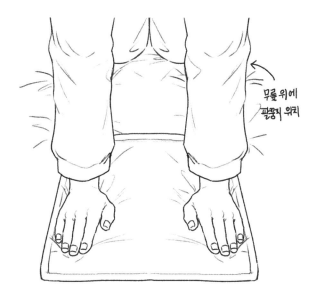

무릎 위에
팔꿈치 위치

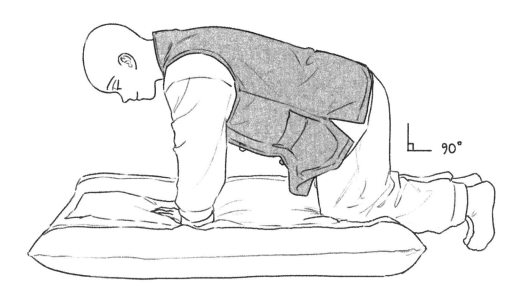

90°

오체투지와 접종례

- 그대로 주저앉으며 양팔을 쭉 뻗으면서 팔꿈치가 양무릎에 올 수 있도록 손목을
  안쪽으로 돌립니다.
- 위와 동시에 팔꿈치는 무릎 앞에 두어 머리만 들어갈 수 있는 간격을 만듭니다.
- 팔꿈치가 방석에 닿으며 머리를 숙여 이마와 콧등도 방석에 닿습니다.
- 손바닥은 하늘을 향하고 손목은 최대한 꺾어 직각에 가깝게 하며, 귀선을 넘어
  올라가지 않도록 접종례합니다.

[Point]
- 코와 이마가 방석에 닿자마자 머리를 들어 올립니다. 머리를 오래 내리고 있으면
  혈압이 높아지고, 눈이 충혈될 위험이 있습니다.
- 접종례를 할 때 손바닥은 펴고 손가락은 가지런히 다 붙이고 있도록 주의를
  기울입니다.

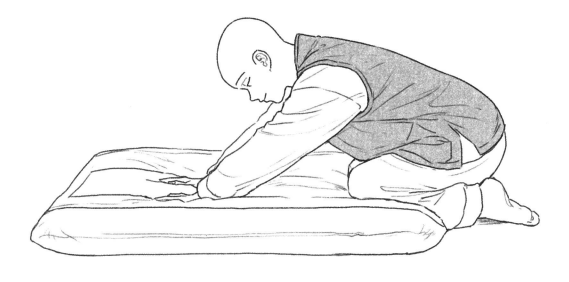

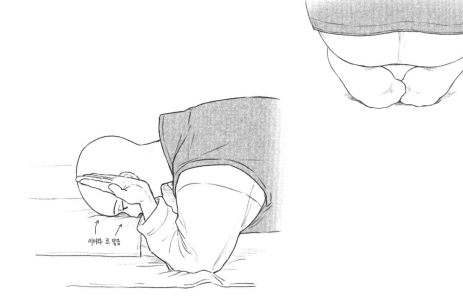

이마라 코 닿음

앉으며 손짚기

- 머리 듦과 동시에 손등을 뒤집어 방석을 짚고, 팔을 쭉 뻗음과 동시에 몸을 앞으로
  이동시킵니다.

일어나기 준비 동작

- 손을 짚은 상태에서 상체를 뒤로 움직이며, 양손을 지면에 닿지 않을 정도로 낮게 몸통 쪽으로 손을 끌어옵니다.

[Point]
- 몸에 반동을 주어 일어나지 않기 위해 최대한 손이 지면을 따라 이동하도록 하되, 손가락과 어깨에 힘을 주지 않고 편안하게 힘 뺀 상태를 유지합니다.

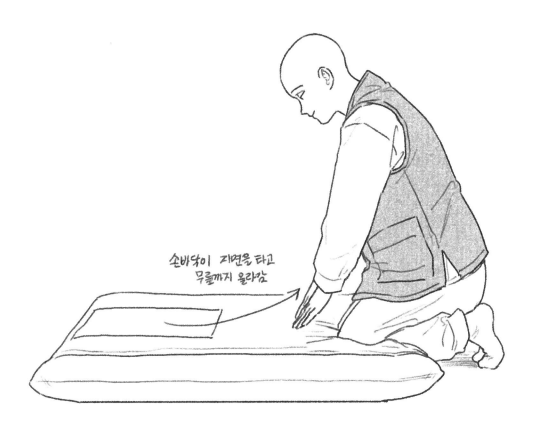

손바닥이 지면을 타고
무릎까지 올라감

합장하며 일어서기

- 당겨온 손이 허벅지 바깥에 위치될 수 있도록 어깨를 젖힙니다.
- 양 발뒤꿈치를 붙임과 동시에 허벅지 옆의 양손은 합장 지점으로 출발하여 양 손가락을 삼각형 모양으로 맞닿게 합니다.
- '일어서는 동작, 두 번째 날숨, 발뒤꿈치 붙임, 합장'이 네 가지는 동시에 이루어집니다.
- 상체는 합장할 때 자세로 허리를 곧추세우며 똑바로 일어납니다.

[Point]

- 앞꿈치와 열 개의 발가락으로만 앉습니다.
- 어깨를 젖힐 때 한 번 더 체중을 실으면서 발꿈치를 벌리면, 새끼발가락까지 힘이
  전달됩니다.
- 어깨를 젖히면서 몸이 뒤쪽으로 살짝 밀리게 되고, 손을 모아 뒤꿈치를 붙여 일어서면
  무릎에 무리가 가지 않아 힘들이지 않고 일어설 수 있습니다.

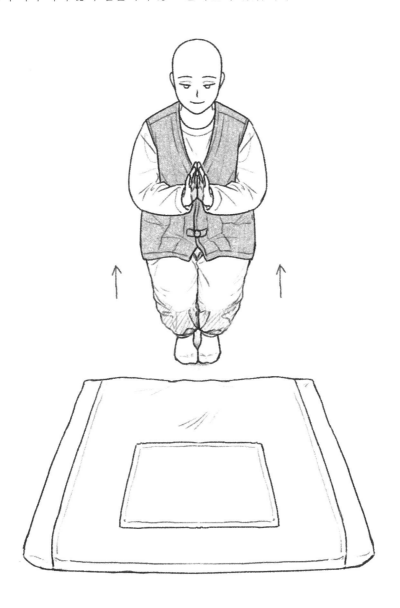

읽거나 새기면서, 호흡하며 절하기

- 첫 들숨: 숨을 마시며 합장한 그대로 내려가 손 짚기 동작까지 들숨으로 복부가 팽창합니다.
- 첫 날숨: 그대로 주저앉으며 숨을 뱉기 시작하여 오체투지와 접종례 동작이 끝나고 앉아 팔 뻗을 때까지 '후~'하고 숨을 내쉽니다.
- 둘째 들숨: 몸을 세워 손 짚기 자세에서 상체를 앞으로 이동하며 숨을 마시기 시작합니다. 일어나기 준비동작에서 양손이 허벅지 옆에 올 때까지 숨을 들이마십니다.
- 둘째 날숨: 손을 모아 합장하며 발꿈치 붙이고 일어서면서 날숨을 '후~'하고 내쉬며 일어섭니다.

[Point]

- 절이 자연스럽게 순환하여 이루어지기 위해서는 자연스러운 호흡이 중요합니다. 호흡이 엉켰을 경우 호흡에 얽매이지 말고 다음 동작에 호흡으로 계속 절합니다.
- 가슴이 시원하게 호흡합니다.
- 풀무질 원리처럼 호흡은 몸이 펴지면 들숨이고, 몸이 접히면 날숨입니다.

들숨 →
날숨 ⋯

읽거나 새기기 시작

복부 팽창

앞꿈치로 앉기

읽거나 새기기 마침

복부 팽창

앞꿈치로 일어서기

들숨 →

날숨 ⋯⋯▸

읽거나 새기기 시작

읽거나 새기기 마침

복부 팽창

복부 팽창

앞꿈치로 앉기

앞꿈치로 일어서기

마지막 절 후 고두례 자세

- 상·하체는 최대한 낮은 자세로 머리는 높게 하고, 합장한 엄지 손 위에 미간을 얹습니다.

[Point]
- 합장에서부터 절이 끝나는 고두례 전까지 엄지손가락 엄지발가락 무릎은 끝까지 꼭 붙이고 있어야 합니다.
- 108배 후 땀이 많이 났다면 이마에 손을 붙이지 않아도 됩니다.

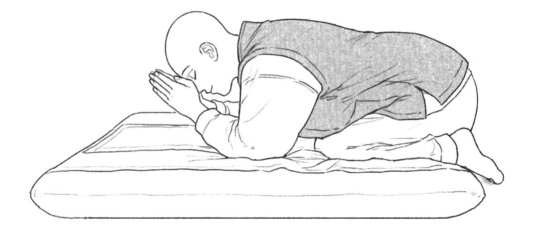

1.6

좌선

- 편안하게 허리를 펴고 앉습니다. 그림은 반가부좌를 취했지만 양 무릎이 방석에 닿기만 한다면 평좌, 결가부좌 그 어떤 좌법도 괜찮습니다.
- 뒷방석이 있다면 알맞게 조절하여 편안하게 허리를 곧추세웁니다. 이때 척추를 앞으로 밀며 양 어깨를 뒤로 젖히고, 귀와 머리는 합장 때의 자세를 유지합니다.
- 눈은 가볍게 뜹니다. 눈을 감았을 때 편안하면 그렇게 하셔도 됩니다.
- 손은 보통 법계정인 수인을 하지만 두 손을 포개거나 감싸도 되고 무릎 위에 편안하게 두어도 좋습니다.
- 혀는 치아와 잇몸 사이에 붙입니다.

[Point]
- 오롯하게 절을 마친 후 스스로가 될 수 있는 10~30분 정도의 좌선은 그 어떤 시간과도 바꿀 수 없습니다.

- 절을 하고나서 바로 앉음은 멈춤과 움직임이 다르지 않음을 알게 되고,
  정으로 연속되어지는 희열과 함께 깊은 삼매에 들기가 쉽습니다.
- 시간이나 몸의 조건이 허락되시는 분은 1~3시간을 여유롭게 앉아서 심연의
  바다에서 대오 있으시길 바랍니다.

2.
| 심우도 108 |

2.1
심우도 108 경구 해제

2.1

심우도 108 경구 해제

삼귀의

거룩한 부처님께 귀의합니다
거룩한 가르침에 귀의합니다
거룩한 떠난 님께 귀의합니다

1.

거룩한 부처님께 귀의합니다

나라는 이름이 원래 오온이 아닌데,
오온을 나라고 이름 붙여 아무 의심없이 지냈네.
삶이 거듭되는 동안 아무도 나의 이름 불러주지 않았지만
어느 날 부처님 명호, 저 멀리 메아리처럼 귀에 다가왔네.

그 명호, 다른 이를 부르는 소리라 생각하며 쫓아가니
마음에 닿은 평온, 잠시뿐이네.
불쑥 일어나는 한 생각으로 다시 오온을 나라고 하니
지어지는 생각따라 혼란과 두려움만 가득하네.

태풍처럼 변하는 상황따라 이리저리 왔다 갔다 오온에 집착 생기니,
이 흐름의 집착, 그 자체가 앓이었네.
거짓이 참이 되는 순간,
거짓은 거짓이 아니었고, 참은 참이 아니었네.
모든 것 알고 보신 거룩한 부처님 먼 곳에 있지 않고,
바로 앞에 일어나고 사라지는 그것을 아니
드디어 나의 이름 무엇인지 의심 떨어졌네.

산천초목처럼 오온도 봄이면 꽃이 피고, 여름이면 열매를 맺고,
가을이면 낙엽 지고, 겨울이면 봄을 기다리지만
이 속에 다시 나라고 할 것 없어 모든 것 지나가는 구름처럼
인연의 묶임 흩어져 흔적없네.

다시 이름 붙일 부처 명호 이젠 찾을 수 없고
두루한 것, 언제나 변함없는 그 자리 꿋꿋하였네.
이름 알고 나니,
이 처음의 귀의가 나의 마지막 귀의이면서 영원한 귀의라 말하네.
거룩한 부처님께 귀의합니다.

2.

거룩한 가르침에 귀의합니다

누구도 말하지 못했네. 생로병사 처음부터 없었다고
홀연히 몸을 나투어 글로 일러주시니 하늘이 놀라고 땅이 울리네.
모든 생명 있는 자, 귀를 기울여라.
어떤 이는 바로 그 자리에서 알아듣고 희유함에 눈물 흘렸네.
세존이시여, 예전에 없었던 일입니다.
세존이시여, 예전에 없었던 일입니다.
한 번도 이 진리를 말한 이 없었지만,
부처님 가르침 홀로 세상을 해탈시켰네.

이제 누구도 무너지지 않은 불성 가지게 하였으니
그 크나큰 가르침, 무엇과 바꿀 수 있겠는가.
새벽에 청수 올리고, 향 사르고, 가르침에 경배 올리는
인연에 감사하는 마음 다함이 없네.

가르침을 의지하고, 가르침을 깊이 새기고, 가르침에 깊이 스며드니
어느 곳을 향하더라도 부처님 가르침으로 흔들림 없이 굳건해지네.
네 가지 성스러운 길과 여덟 가지 바른길로
눈먼 자를 향해 소리쳐 모여들게 하시고 자신의 진짜 눈 찾게 하여
어두운 긴 터널에서 벗어날 기회 만들어 주셨네.

우뢰와 같은 사자후 소리, 진리에 목말라 있는 자라면
그 어느 곳에 있더라도 듣지 않을 수 없으리.
대원력 큰 자비심으로
눈 있는 자 와서 보라고 말씀하시고, 귀 있는 자 들으라 하시네.
이는 다시 없는 일이지만,
이 가르침 소리와 모양으로 듣지 못하니 누가 듣고 본다고 하겠는가!
거룩한 가르침에 귀의합니다.

3.

거룩한 떠난 님께 귀의합니다

세상은 떠난다는 것 모르니, 몸과 마음 어디에 둘지 모르네.
오온이 가지고 있는 버림이 떠남인 줄 알고 있으니,
부처님, 오온이 내가 아닌 떠남을 가르치셨네.
전한적 없고 전하여진적 없는 그 소리
너무 놀라 받아들이는 것이 무엇인 줄 조차 모르네.
기록되지 않는 가르침에 머뭇거리며,
한발한발 살얼음을 걷듯 따라가지만 두려움에 떨고 있네.

오온이 나라는 생각으로 바로 앞에 있는 물건 찾지 못하니
오온이 내가 아닌 거룩한 떠남의 희유함 알 수 없네.
부처님, 수행승들이 바로 건너지 못하는 어려움 보시고
방편으로 디딤돌 하나 하나씩 만들어 강을 건너게 하시네.

온전히 떠난 자,
부처님 말씀 어디에도 있지 않음을 알고 나니
오온을 나라고 살아온 뭇 삶, 어디에도 존재하는 곳 없었네.

알고 나면 모든 것, 그것을 가리키지만,
알기 전까지 그것 속에서도 그것을 보지 못했네.
이제 떠난다는 것, 무엇인지 바로 알았으니
거룩한 떠난님께 귀의합니다.

소를 찾아 나서다

애초에 이름 없는데 찾는 마음 무엇입니까

내 생각으로 경을 본다면 경을 본 것이 아닙니다

여래는 모양과 소리로 찾을 수 없습니다

한 말씀하신 적 없다는 뜻 기쁨이 됩니다

지금부터 보여질 것이 기쁨이 됩니다

지금부터 들려질 것이 기쁨이 됩니다

지금부터 알려질 것이 기쁨이 됩니다

지금부터 하여질 것이 기쁨이 됩니다

참된 도반이 함께하여 기쁨이 됩니다

한발 한발 가르침에 젖어 들겠습니다

4.

애초에 이름 없는데 찾는 마음 무엇입니까

이 뭣꼬?라는 말 누구에게 향하게 하는가!
입을 열고 나오는 그 빈틈, 하늘만큼 크지만
이 뭣꼬?에 집중하니 헛발질 하염없고
한평생 찾을 마음 없는 자작극이네.

생각으로 집중하여 몇 번 되뇌이지만
어느새 수마와 잡다한 번민이 앉으니
시간은 가고 무엇을 해야 할지 어리둥절하기만 하네
온 힘을 쏟아부어 지키는 집중이
들리는 소리에 깨지는 줄 알고, 밖을 향해 버럭 소리치니
그때 그 순간을 놓치고 고요 아닌 고요를 닦네.
소가 무엇인줄 모르고 허깨비를 나로 착각하면서
허송세월 보내지만 누구에게 묻지도 찾지도 않으니
누구를 탓하고 누구에게 하소연하겠는가.

이름 없다는 소리 어디에서 들을 수 있는가,
모든 물질 모양 있으면 이름 붙지만
근원의 봄은 언제나 같은 곳을 보고 있네.
모양과 이름, 견해의 양변으로
근원의 봄을 멀게 하니 아상이 보고 들어
끝과 끝을 오가며 진실을 멀리하네.

상처받지 않으려고 이리저리 허둥대며 움직이는 꼴이
아침에 세 개 저녁에 네 개, 아침에 네 개 저녁에 세 개,
잔꾀로 자신을 속이는 꼴이니
앞뒤가 뒤바뀐다고 달라지는 것 없네.
아침에 울고 저녁에 웃거나 아침에 웃고 저녁에 울거나
다름이 없는 줄 알고 찾는 마음, 가만히 살펴볼 줄 알아야 한다네.

5.

내 생각으로 경을 본다면 경을 본 것이 아닙니다

부처님 말씀 어디로 향함이 있는가.
어디에 점을 찍어 표시함이 있는가.
생각을 선택하면 그것을 알고 잡은 것 같지만,
잡고 알았다고 하는 순간 그것은 사라지는 아지랑이네.

모든 불조도 그것을 새겨 남기고자 하였지만
이쪽과 저쪽에서는 새길 수 없는 그림자의 비침일 뿐이네.
경이 향하는 곳은 오온으로 향하는 화살 같은 것
생각을 바로 보면 정확하게 명중하지만
표적을 움직이면 수많은 화살 정성으로 쏟아 부어도
온데간데 없이 사라지니 무슨 이익 생기겠는가.

경을 해석하여 있는 것 같이 만드는 일
부처님을 비방하는 줄 모르고 앵무새처럼 말하는 꼴이니,
앵무새 흉내 짓 사람들, 신기해 하겠지만
앵무새가 말하지 못하고, 알지 못하는 줄 훤히 보이네.

경에 가르침 따로 있을 수 없고
언어 떠나 따로 전할 수 있는 방편 없다네.
난처한 상황에 놓인 것은 분명하나, 항상 허망하여
경과 다르지 않음 저절로 드러나 같은 곳을 향하니
언어가 끝나고 모양이 끝날 때 둘 다 방해 없어지네.

6.
여래는 모양과 소리로 찾을 수 없습니다

모양을 드러내어 모양을 만들지 못하게 하고
소리를 울리어 소리 갈 곳 없게 하니
눈으로 보고 귀로 듣지만 믿기 어려운 일
모양으로 살아온 알 수 없는 먼 세월
소리에 안심하고 두려웠던 나날들, 한 생각이라는 사실이
웃을 수 만은 없는 참으로 근심스러운 일들이네.

세상 속에 살면서 모양과 소리에 속지 말라 외쳐보지만
있지도 않은 무명의 세월, 그들의 눈과 귀를 막아버리고
마라를 신으로 섬겨 구걸하며 살아가네.
구정물을 맛있고 귀중한 것이라 여기면서
꾸역꾸역 하염없이 입으로 밀어 넣는 모습 안타깝지만
곰팡이 생긴 썩은 음식이라 아무리 말해보아도
금으로 알고 빼앗기지 않으려 발버둥 치니
구정물 바로 보라고
모양과 소리로 나타내어 다시 모양 아님을 말씀하시네.

여래를 보았지만 부처님이라 부를 곳 없어지고
있는 그대로 나투어 보여진다네.
모양과 소리로 찾아 다닌 마음, 산속에 헛웃음으로 울려 퍼지고
모든 것 떠나보내니 곳곳이 한적함이었네.

이렇게 왔다는 것 이렇게 갔다는 것 누가 말하는지 알면
모양과 소리 없는 성성적적함으로 다시는 모양과 소리에 흔들림 없어,
모양을 보지만 모양이 아니고 소리를 내어보지만 닿는 곳 없이
모양과 소리 그대로 보일 뿐, 다르게 보이고 들리는 것 없네.

7.
한 말씀하신 적 없다는 뜻 기쁨이 됩니다

세상에 수많은 말 어디에 그 말이 머무를 곳 있는가.
허공에 떠있는 먼지처럼 바람에 흩날려 정처가 없네.
이것을 말해보려 하지만 이것은 본 자도 들은 자도 없으니
말로 끄집어 낼 수 없어 입속에서 뱅글뱅글,
모르면, 삼켜보기도 하고 뱉어보기도 하면서 시원함을 찾겠지만
알면, 평생 삼키지도 뱉지도 못하는 난처함이네.

세상에 태어나 시원함이 어디에 있을까.
세상에 태어나 편안함이 어디에 있을까.
삼키지도 뱉지도 못하는 난처한 그곳이,
시원함이 있고 편안함이 있는 곳이네.

소리와 모양으로 편한 곳 알아본들
이것도 아직은 온전히 다 온 길 못되어 오래 머물 곳 아니네.
지금까지 나를 위해 헌신한 오랜 벗,
이제 그 벗의 마지막 말 단박에 끊어버리고
죽는 일 나와 상관없는 줄 알아야 하네.

부처님 한 말씀하신 적 없다는 뜻이
알아야 할 모든 기쁨이 되고 보니
죽은 시체 안고 살기를 바라고 있었네.

지금까지 살아온 것은, 살아온 것이 아니었고,
지금까지 들어온 언어, 내가 들은 그 언어가 아니었고,
지금까지 보아온 사물, 내가 보아온 그 사물 아님이 드러나니
누구를 탓함이 없어지네.

울음도 잠시 뿐이고, 웃음도 잠시 뿐
먼 하늘 바라보니 그 하늘 언제나 그렇게 있었네.

8.
지금부터 보여질 것이 기쁨이 됩니다

보여지는 모든 것,
언제나 나에게 맞는 것과 맞지 않는 것이 있는 줄 알았네.
맞는 것은 칭송하고 맞지 않는 것은 비난하는 일,
똑같은 시비심인데 변화하는 것으로 옳음을 삼으니
같은 모습으로 볼 수 없었네.

세상은 보는 자 없이 그대로 보이는 것인데
나라는 중심으로 보는 자의 판단, 의심하지 못하고
균형 잡는 일로 세월을 보냈네.
이 몸 이전의 수많은 분별이, 경계의 유혹으로 작용하지만
보이는 모든 것 그대로 두고 나니,
실타래 풀듯, 한가하게 서두름 없이 지내면서
대상과 상황에 대한 마음, 그 어느 곳에도 두지 않으니
모양으로 만들었던 모든 일들 흔적 없이 사라지네.

하얀 바탕 위에 물감을 뿌리며 지나가지만 어디에도 색을 남기지 못하고
갈고리로 걸어 낚아채려 하지만 아무 구멍 없으니 걸고자 함이 무색하네.

있는 그대로라는 소리, 알기 위해 애쓰며 찾아다녔지만
정작 있는 그대로라는 것, 누가 외치는 소리 아니네.
눈과 귀를 피해 스스로가 외치는 소리인 줄 누가 알겠는가!
분별의 눈과 귀 사라지고 나니
주장하는 것 없어 보여지는 것 편하게 다가오고
인연 다시 만들지 않으니 맺어야 하는 옳고 그름 사라지고
보이는 모든 것 기쁨 아닌 것 없었네.

9.
지금부터 들려질 것이 기쁨이 됩니다

세상에 들리는 모든 소리 잠에서 깨우지 않는 소리 없고
달그락거리며 깊은 어둠에서 깨어나라고 말하지만
인연에 구속되어 옳고 그름이 무엇인지 모르네.
일어나는 온갖 소리 허공에 떠 있는 허깨비지만
취하고 버린다는 생각에 묶여
돕고 방해하며 탐하고 성내느라 바른 소리 무엇인지 듣지 못하네.

기나긴 세월 동안 눈과 귀는 어둠에 갇히고,
거짓을 거짓으로 보지 못하는 봉사가 되었네.
어느 날 오온이 텅 비어 실체 없다는 그 천둥번개 같은 함성은
눈, 귀 없어도 누구나 듣게끔 형상 없이 외쳐지니
인연이 아니면 어찌 들을 수 있겠는가.
듣고도 들은 줄 알기 어려운 것은 소리 없는 소리로 외쳐지기 때문이라네.
이제 세상의 소리에 흔들림 없는 스스로의 마음
언제나 함께하고 있으니 모든 소리 듣는 것이 기쁨이 되네.

10.
지금부터 알려질 것이 기쁨이 됩니다

알아지는 것 어느 쪽으로도 기울어짐 없었네.
분별하는 마음으로 이쪽 저쪽 움직이면서
자신도 가지지 못하고 남에게 주지도 못하면서
빼앗기지 않으려고 애쓰는 꼴이 우스꽝스러워 보이네.

오온이 나라고 하면서 사는 꼴이 어수선하게 느껴질 때,
눈도 없고 귀도 없고 입도 없다는 소리에
알지 못하는 두려움이 하염없이 눈물로 흐르네.
두려움과 기쁨, 두 가지 현상이 혼재하며 나타날 때,
무엇이 나의 진짜인지 알 수 없어 한참을 참구하니
살아온 일들은 사상누각이요,
두려움은 본래 없고 해야할 일 없음이 참으로 기쁨이 되네.

몸과 마음 가만히 살펴보니
어느 곳으로 갈지 모르면서 발을 내 디딘 발자국들 많이도 만들어 놓았구나.
이제 발자국 없이 가려 하니
이쪽으로 피하지 못하고 저쪽으로도 피할 수 없을때
그 처음 움직임 참으로 잘못임이 드러나네.
하나하나 일어나는 일들, 스스로를 알게 하는 것들
좋아해야 할 것도, 싫어해야 할 것도 없는 속는 일일 뿐.
온전하게 알아지는 일들 모두 거추장스러운 일들이지만
이제 발자국 내지 않는 법을 알고 나니 기쁨이 되네.

11.

지금부터 하여질 것이 기쁨이 됩니다

어디에도 내가 낸 발자국 찾을 수 없었는데
그 발자국 찾느라 애쓴 일에 누구의 애씀이 있었겠는가?
해야 할 일을 알지 못해 불필요한 애씀으로 수고롭게 하였을 뿐이네.

과거의 내 발자국 없었다면 지금 발자국도 있을 수 없고
지금 발자국 없다면 찾을 발자국 있을 리 없네.
지금 여기에 내 발자국 없으나,
내 생각 생기는 곳마다 발자국 생겨나니
뜬구름 바람에 흐르듯 모든 인연 바람처럼 흐르게 두면
망념의 미혹 벗고 나라는 생각 없는 지혜로운 앎 그대로네.

발자국 찾을 일 없는 일이, 스스로의 일
찾고 있는 자 고개를 내밀 때까지 가만히 기다리기만 한다면
무엇을 하여 앞으로 나아가는 것보다 훨씬 이로운 일이네.
나아갈 필요 없는 일이 무슨 일인지를 몰라 어찌 할 줄 모르니
그때 그 어찌 할 줄 모르는 일이 스스로의 일 아님이 분명하면
일어나는 일들, 일어나는 일이라 할 수 없네.
오랜 세월 하여온 일들 속에서 멈춤만을 공부로 삼아왔던 일,
허공에 집을 지으며 무너지지 않기를 바라는 마음이었네.

아는 자의 마음 안타깝지만 허공에 집 짓는 일 하지 말라 할 수 없으니
참으로 오해 없이 해야 할 일 말해주는 것, 쉬운 일 아니네.

움직임에 일 삼음 없으니 움직임에 번민해야 할 일이 없고
인연 오고감에 흠집 나지 않으니 대응해야 할 필요 없어지네.
냇물 흐르듯 흐르게 두니 한 번도 머물고 고정된 것 없어
내가 잡아둘 것 어디에도 없었네.

해야 할 일을 글자 그대로 해야 할 일인 줄 알았으나
이제 그 해야 할 일 그 해야 할 일이 아닌 줄 알고 나니
해야 할 일이 참으로 기쁨이 됨을 알게 되었네.

12.

참된 도반이 함께하여 기쁨이 됩니다

물질이 활기차게 움직여 더 좋아지고 더 넓게 확장되었다는 말,
의심스러웠지만 이 의심, 잘못된 것은 아닌지 의문이 들 때,
물질은 무상하다고 말하는 이를 만나면 그가 참으로 나의 도반이네.
무소의 뿔처럼 혼자 가는 길이지만 올바른 길 다를 수 없어
참된 도반을 만나면 서로의 마음에 의지되어
밤낮을 잊고 법담으로 가르침의 꽃 피우네.

참된 도반과의 만남 쉬운 일 아니지만
바른 가르침으로 향하는 길 함께 걸으면 몸의 인연보다 더 귀중한 인연이네.
세상에 모양으로 나와 인연 만들어 그 인연을 진짜로 알고 살았지만
모양으로 듣고 말함에 참된 말 없어, 모양으로 살아온 오랜 세월 버리니
진리의 길 같이 가는 인연의 소중함, 새삼 깊이 감응되네.
서로가 가지고 있는 다른 시각 버리고 같은 초점 맞추어
오직 가르침에서 벗어남 없이 이야기하니 함께하는 기쁨이네.

어느 쪽도 옳음 없는 서로의 관념 버리고
가르침의 꽃이 만개하여 법향내고 있으니
누구의 향이라고 할 것 없는 향기가 퍼지고
참으로 가는 이는 그 향기를 맡지 않을 수 없네.

이 길에 대해 조금이라도 앞서 간 도반 만나면
자세히 들으려고 아상을 내려놓아야 참된 도반이 되네.
과거의 몸에 묶여 진리를 외면하면
아무리 좋은 도반 있어도 아무 소용이 없네.

아상은 좋은 도반 만나지 못하게 하는 원흉이니
아상만 없다면 진리를 듣는 일 참으로 많다네.

서로가 모양과 소리로 아상을 삼으려 할 때 서로 경책하는 것이 수월해지면
감정에 휩쓸려 아상을 일으킴 없어지고
탁마가 무엇인지 서로 명확하게 알면
이 세상 누구도 도반 아닌 이가 없네.

13.

한발 한발 가르침에 젖어 들겠습니다

가르침은 아무것도 잡을 수 없음을 알려주니
듣는다는 것에 무슨 진리가 있겠는가.
듣고 붙잡으려고 하는 그것 무엇인지 알아내는 것
이것이 올바른 가르침에 젖어 드는 일이네.

한발 한발은 행위가 아닌 행위를 되돌아보는 순간적인 멈춤.
소가 소를 어찌 찾을 수 있겠는가?
소를 찾아 나서는 것이 아니라, 소가 무엇인지를 아는 일이니
소를 찾으려는 그 마음 즉시 알아야 하네.

많은 방편설은 그 근기에 맞는 말일 뿐인데
잘못 들으면 알아야 하는 것 있고, 붙잡을 것도 있는 것 같네.
가르침 믿는 마음 다 내었다고 하면서도
아상·인상·중생상·수자상 모든 곳에 꽉 차 흐르는 줄 모르고
그저 소 찾는 것에 정신이 팔려,
네가지 상, 벗어나 있는 가르침을 몸의 인연으로 말하게 되니
벗어난 이야기로 듣지 못하고, 몸이 알아야 하는 이야기로 들어
눈에 익고 귀에 익어도 어느 하나 시원하게 끝나는 것 없이
수없이 반복하며 돌고 돌아 모양으로 다시 오네.

작은 삽으로 태산을 움직이려 하였으나
태산이 움직이지 못함을 미처 헤아릴 수 없었네.
이제 그 움직이려고 하는 마음 접어두고
한발 한발 일어나는 일, 있는 그대로 보는 일인 줄 알아야 하네.

소의 자취를 발견하다

한 생각 물든 마음이 괴로움으로 알아집니다

생각 생각 이어가는 마음이 집착으로 알아집니다

한 생각 바로 알아차림이 소멸로 알아집니다

하나되어 본 적 없음이 바른길로 알아집니다

올바른 가르침이 바른 견해로 알아집니다

사량분별 없음이 바른 사유로 알아집니다

존중하는 마음이 바른 언어로 알아집니다

함이 없는 선행이 바른 행위로 알아집니다

두루 살피는 언행이 바른 생활로 알아집니다

방일하지 않는 노력이 바른 정진으로 알아집니다

가르침의 수호가 바른 새김으로 알아집니다

가르침으로 향하는 전념이 바른 집중으로 알아집니다

이것이 있으므로 저것이 있습니다

이것이 일어나므로 저것이 일어납니다

이것이 없으므로 저것이 없습니다

이것이 사라지므로 저것이 사라집니다

바른 가르침 들리니 분별 속에 있었다는 것이 알아집니다

14.

한 생각 물든 마음이 괴로움으로 알아집니다

물질, 느낌, 인식, 욕구, 의식을 소유하려 하는 마음,
무엇이 일어날지 모르고 무명이 일으킨 마음이네.
'이것이 괴로움이다'는 것은 오온의 불편함 너머,
나라는 생각에 물든 문제인 줄 어찌 알겠는가!

나라는 생각은, 누구에게도 소유될 수 없는 것
나의 것이라는 이름 붙이고 경험하며,
빼앗기지 않으려고 없는 남을 만들어 경쟁하네.
불안한 마음 일어나, 그 마음 해소하려
끝없는 투쟁 속에 밤낮없이 최선을 다하네.
처음부터 없는 투쟁, 누구의 승리와 패배도 있을 수 없으나
한 평생 미혹에 빠져 괴로움을 벗어나지 못하는구나.

모든 일어나는 것, 오직 오온에서의 일
그것이 무엇인지를 살피려고 온 마음을 쏟아 부으니
알 수 없는 묘한 마음, 무엇이라 아직 말할 수 없네.
망망대해를 표류하는 작은 배처럼 허둥대지만
이제 겨우 움직임의 자각 일어나니
조금 다른 시각의 봄, 찾아 나서는 발걸음 수월하여
힘은 덜 들고, 괴로움이 무엇으로 생겨났는지 어렴풋이 알아지네.

15.

생각 생각 이어가는 마음이 집착으로 알아집니다

오온이 보는 것에 눈의 초점 닿아, 그 순간 기억으로 생각이 생겨도
닿지 않는 것이 스스로의 일이니,
오온이 만들어 놓은 옳고 그름의 개념 흐르게 하지 않으면
양변으로 흐르는 빠른 물속에서 그것을 잡았다 할 수 있겠는가.

생각은 이어가는 것도, 끊는 것도 아니니
생각을 일으켜 계속 끌고 가려는 자를 보아야 하네.
면밀히 살펴야 하는 것은 일으킴의 분별 아닌 그자의 얼굴 자체이니,
생각 나누어 분석해도 소용이 없네.

생각은 이어지는 것이 아니라 이어진다고 생각하는 것이니
생각으로 사실에 도달될 수 없음이 간파되면
생각이 일어날 때 생각에 빠지지 않고
변함없는 스스로를 발견하네.
변함없음은 대상에 초점이 없고, 방향도 없으니
닿는다·닿지않는다라는 글자 사라져
무엇을 놓았다 할 것도 없네.
가져지는 것 없는데 집착할 것 어디에 있겠는가!

16.

한 생각 바로 알아차림이 소멸로 알아집니다

일어남이 있어 일어나는 것 아님을 아는 것이 알아차림이니
다시 무엇을 소멸하였다고 할 것 있는가.
생각 생각 어디를 꼭 집어 알았다는 마음 낼 수 없고
생각 생각 어디를 꼭 집어 소멸되었다는 마음 낼 수 없네.

일으켜 잡으려는 마음 누구를 위하는 것인가.
무명으로 지은 대상을 향한 상대적 빈곤감이니
나에게도 너에게도 이롭지 못한 것이네.
서로에게 독이 되어 돌아가고 돌아오게 만드는 피해 보았지만
한 생각 일으킨 자 텅 비어, 그 피해 있다고 말할 수 없네.

일어남과 소멸 다른 듯 하지만
엄밀히 보면 같은 것을 다른 이름으로 쓰고 있네.
모양으로 보면 영원히 알 수 없겠지만
모양이 모양이 아님을 알면,
그 모양의 본질, 일어남도 소멸도 없네.

17.

하나되어 본 적 없음이 바른길로 알아집니다

다른 모양으로 있었던 적 없어 같은 모양이 무엇인지 모르고
그것은 다른 것 없어 따로 가리킬 것 없으니
손가락으로 가리키지 못하는 그곳, 바른길이라 믿기 어렵네.
있다고 말 못하지만, 없다고도 말 못함은
온전한 것 옆에 두고 사용할 수 없기 때문이네.

그것을 사용하면 자기 발등을 찍는 일이니
누가 알면서 그 발등을 찍을 수 있겠는가.
모양을 가지고 있는 것, 함을 위한 것 아닌 못함을 알리기 위함이니
자신이 무엇인지 듣지 못한 이는,
지금 모양으로 다른 모양 만들려는 어리석은 마음 접어두어야 하네.

꼼짝달싹 못할 때 밝은 해가 뜨지만
금방 움직여 구름을 일으키니, 떠 있는 해를 보지 못하네.
누구에게 이 안타까운 마음 전하겠는가.
없다면 보지 못하는 것 당연하지만 없지 않으니 볼 수 있는 것.
없다가 있다로 알아지면 없는것 없지 않아
하나되어 본 적 없음이 드러나네.

이렇게 알고 나니 세상 사람 웃을 때 울고 울 때 웃는 일이
그리 특별할 것 없는 일상사라는 것 온 마음으로 알아지네.

18.

올바른 가르침이 바른 견해로 알아집니다

무엇이 올바른 가르침인가를 부처님에게 묻고 또 물으니
부처님은 입도 없고 귀도 없어 엉뚱한 소리로 횡설수설하시는데
듣는 근기에 따라 견해를 내어 감옥에 들어가서는
감옥 문을 열겠다고 열쇠를 달라하네.

횡설수설은 그놈을 떼어내기 위험이건만 그놈을 따라가 버리니
본래 없는 그 열쇠 어디에서 찾아 줄 수 있겠는가.
부처님 봄바람처럼 따뜻하고 부드럽게 말씀하시지만
태풍을 만난 듯 허둥지둥하느라 들어야 할 것은 못 듣고
자기 견해에 빠져 엉뚱하게 움직여 버리니
다시 들으려 귀를 기울인들, 그놈이 듣고 싶어 하니 무슨 이익이 있을 수 있으랴.

듣고도 들은 줄 모르고 살아온 세월 수억겁이건만
귀를 버리고 들으려 하지 않고 상을 만들어 들었으니
듣는다는 것 귀가 아님을 누가 일러 주겠는가.
올바른 가르침 귀로는 들리지 않는다는 것을 알았다면
범인 잡는 일, 어려움이 없으니
한가하게 지내다가 귀로 듣는 그놈 꽁꽁 묶어 놓으면
따로 바른 견해라고 할 것 없이 천지에 그것 아닌 것 없었네.

19.

사량분별 없음이 바른 사유로 알아집니다

세상이 흔적인데 누군가 더 좋은 흔적을 내었다고 말해본들
어디에 기준으로 삼을만한 것 있을 수 있겠는가.
무리 지어 힘으로 좋고·나쁨 구분해 보아도
그 앞이 언제나 앞은 되지 못하는 앞뒤의 등배지기니
뒤바뀌는 때마다 다른 말을 하게 되면
앞도 틀리고 뒤도 틀리는 일 자신이 자초하네.

지금 좋다고 하는 것, 인연이 모여 부르는 소리일 뿐
참으로 좋음이 있어 부르는 소리 아니네.
나쁘다는 소리 들을 때 그 소리 인연의 소리로 들으니
누가 소리로 스스로를 움직이게 할 수 있겠는가.

그것 움직일 수 없는 줄 알기만 하면
찾는 마음 내지 않으니 사량분별 할 일 없어지고
사량분별하는 마음 없으니 바른 사유 되어지네.

변화 없는 속에 일어나는 바른 변화들이
모양으로 만들 수 없는 기쁨이 되어지니
오랫동안 헤매다 찾은 보이지 않는 가르침에
저절로 두 손 모아, 온몸으로 감사하게 되네.

20.

존중하는 마음이 바른 언어로 알아집니다

세상에 태어나 지금 보이는 조건 아닌 적 없었으니
어디에 침을 뱉어 나를 피할 곳 있겠는가.
모든 일어나는 일, 나의 과거와 대면하는 일이니
그 보이는 모습 안쓰러움으로 보아야 그에게 바르게 일러줄 수 있네.
있는 그대로 존중되면 다르다는 마음 사라지고
그때 듣는 바른 언어 마음 안의 종을 울리니
지금까지 듣지 못했던 바른 언어, 마음으로 들리게 하네.

서로 있는 그대로 존중하는 마음 가지면
조건으로 이루어진 모든 것 허상으로 보이니
차별은 차별이 아니라 각자 무명에서 만들어 놓은 그때의 실제라네.
서로가 지금의 조건을 나라고 할 필요 없으니
서로에게 필요한 말이 되어지고, 그 필요한 말
스스로를 존중하는 곳에서, 나와 서로의 눈 띄우는 데 큰 힘이 되네.

바른 언어는 글자가 아니니
오온이 내가 될 수 없는 진리를 공유하여 한 마음이 되면
무엇을 잘하고·못하고 없어지네.
조금 부족하고·넘치고에 상관없이 하루하루 좋은 날이고
마주 웃으며 존중하는 마음, 굳건한 수행자들, 마라가 떼어내지 못하네.

21.

함이 없는 선행이 바른 행위로 알아집니다

주는 마음 속에 받는 마음 있고, 받는 마음 속에 주는 마음 있지만
윤회 속에 있게 되면 참다운 선행이 될 수 없네.
세상에서 외치는 그 선행 개인의 욕망일 뿐 바른 선행 아니니
선행을 바르게 알지 못하면 선행을 하고 싶어도 선행을 할 수 없네.
오온을 가지고 아무리 애써 하여본들 그것이 어찌 선행이 될 수 있으랴.
선행을 하려고 하면 참으로 어렵지만 선행이 없음을 알면 참으로 쉬운 일이네.

다른 조건으로 모여 함께하는 것 참으로 어렵겠지만
부처님 가르침 누구에게나 똑같아 차별이 없으니
다른 조건으로 모인 대중, 얼마나 다행스러운 일인가.

한 여름 큰 나무 밑 그늘이 뭇 생명체들의 쉼터가 되듯
좋은 조건 가진 이, 두루 나누어주는 그것 바른 마음이라 하네.
대중이 부처님의 한 말씀, 벗어나지 않고 듣고 실천하니
무엇을 나누었다는 마음 없이 자연스럽게 주고 받네.
서로가 감사하는 마음 항상하지만 오온이 텅 비어 실체 없으니
언제나 가르침에 벗어남 없는 선행이 이루어지네.
인연으로 움직였지만 실재는 움직임이 없는 것이 바른 행위이니
가르침이 아니었다면 이런 즐거움 어디에서 맛 볼 수 있었겠는가.

22.

두루 살피는 언행이 바른 생활로 알아집니다

머리를 깎고 모여있는 대중은 가르침의 인연으로 모였으니
그 곳은 모든 동물이 모여 있는 밀림 같은 곳이네.
움직임도 다르고 언어도 달라 머리를 갸우뚱하게 하는 날 참으로 많으니
나의 고집으로 생활하면 내가 나의 번민을 만들고 있게 되네.

불필요한 말과 행동은 다시 많은 생각과 오해를 불러오는데
깊이 있게 살펴보지 못하고 항상 밖에서 문제를 찾았네.
대중과의 관계, 좋게 하고자 하는 마음 있었건만
나의 말과 행위를 자세히 살피려는 마음 가지지 못했네.

말하고 듣는 소리 듣고 보지 못하다가 대중의 움직임 살필 줄 아니
이전까지 몰랐던 거추장스러운 말과 움직임 많았음을 알게 되고,
이것을 알게 해준 대중들에게 참으로 감사한 마음이 드네.
나에게 편안한 언행, 다른 이에게 방해된다면
그 편안함, 편안함이 될 수 없음을 알고 서로의 불편을 해소시키네.

주장하고 고집하고 고정하는 것으로 언행을 삼고 있으면
텅 빈 실체를 볼 수 없게 만드는 일이고, 지혜가 생기지 않는 일이니
어디에도 고정되어 있는 것 없는 줄 알아야 바른 생활이 무엇인지 알아지네.

두루 살피는 언행, 남을 위한 것도 아니고 나를 위한 것도 아닌
오직 한마음 무엇인지를 알기 위함이네.

23.

방일하지 않는 노력이 바른 정진으로 알아집니다

무엇이 방일하지 않는 노력인가?

이 길을 가는 이들 혼자서 정말로 열심히 무엇을 하고 있지만

나는 그것을 방일이라고 말하네.

이 말을 알아듣는다면 그는 부처님을 비방하지는 않는 사람일 것이네.

그러나 이 말이 무엇인지를 모른다면 최선을 다하려고만 하지 말고

그 열심히 하는 자를 세세하게 살펴보아야

움직임 가지는 것이 방일임이 알아질 것이네.

모두에게 처음부터 바른 정진 구족되어 있으니

다시 바른 정진하려고 애쓰는 일을 하여서는 안되네.

이 하여서는 안 되는 것을 어떻게 지키는가가 방일하지 않는 노력이네.

이것을 지키지 않으면 많은 경험과 지식이 모두 탐이 되니

출발과 도착이 똑같아야만 참으로 알맞게 그것과 계합되는 것이네.

이것에 조금이라도 어긋나는 일 있다면 그것은 아무것도 모르는 일,

나아가는 마음도 물러서는 마음도 바른 정진과는 무관한 일이네.

이것은 지키는 일도 아니고 지키지 못하는 일도 아니니

각기 다른 조건의 수행자들, 어려움 겪는 일은 같을 것이네.

24.

가르침의 수호가 바른 새김으로 알아집니다

지혜는 도장이라

다시 누가 더 새길 것 없이 항상 그렇게 새겨져 있네.

얼마나 다행한 일이고, 쉬운 일인가.

모든 이들, 그것을 내가 이루고자 하는 마음으로 덤비어 계속 고꾸라지고,

있는 그것 사용할 줄 모르면서, 내가 연장을 만들려 하니 어려워만지네.

지혜는 나아지고, 개발되고, 발전하는 것이 아니니

이러한 이치 받아들이지 못하면 시도하려는 마음 내려놓지 못하네.

환의 세상에는 성공과 실패 있을 수 있겠지만,

지혜의 일은 성공도 실패도 없으니 무엇을 시도해 본들 잘잘못 따로 없어

그 시도를 어리석음으로 알아, 어리석음이 한 일에 아무것도 수호할 것 없어지네.

한 티끌이라도 수호할 것이 있다면 아무것도 수호하지 못하는 것이니

삼세에 이것,

누구로부터 수호 받아 본적 없이, 오직 그것으로 수호되어 있으니

어찌 모양과 소리로 그것을 수호한다 말할 수 있겠는가.

모양과 소리를 떠나면 바른 새김이 되고,

하나도 가짐 없이 모든 것 얻어지는 가르침의 수호 이루어지니

다시 누구를 찾고 무엇을 의지함이 있겠는가.

못 쉬었던 숨, 한 번에 화~~~하고 뱉어지니 답답함 해소되어

몸도 마음도 가볍다는 말 이제야 무엇인지 귓가에 생생하고

사방천지 오직 그것으로만 보여지네.

어렵다·쉽다 할 것 없이, 도장 그대로 새김되니

안볼래야 안볼 수 없는, 그 발자국 보고 손뼉 치네.

25.

가르침으로 향하는 전념이 바른 집중으로 알아집니다

사방이 모양이고 사방이 소리로 이루어져 있으니
어디에 눈과 귀를 둘 곳이 따로 있겠는가.
보이는 것 모양이니 바로 모양이고
들리는 것 소리이니 바로 소리이네.

모양과 소리 느끼고 생각되면 그놈 따라 뱅뱅 돌고
정신 차려 보면 다른 모양과 소리로 바꿔치기하여 그 모양과 소리 벗어나네.
눈 뜨고 코 베이는 꼴, 한번 두번 당한 일이 아니니
만들지 말라는 그 소리 어찌 있는 그대로 듣게 하겠는가!

항상 그놈이 보초를 서며 생각과 느낌으로 왜곡시키니
말하고 틀려서 버린 말들 부지기수지만
어느 한때 그대로 들어가기를 바라며 하염 없이 던져보네.
조금 강하게 던져 혹시라도 아프게 맞으면
믿음은 오간데 없고 분해서 그놈의 이간질이 밤새도록 이어지는데도
가르침으로 향하는 마음 내어 보려하지 않네.

자기 방어로 변명을 정당화하니 전념은 사라지고
지금까지 어렵사리 데려온 길 허무하게 무너짐이 안타깝지만
잃은 것이 있으면 얻어지는 것도 있다네.
정신이 온전해 질 때 넘어진 자리 얘기해주면
다시 나서는 발걸음 수월하여 마음이 다잡아지고
들림에 전념하니, 바른 집중 조금 가까이 있게 되네.

26.
이것이 있으므로 저것이 있습니다

이것만한 가르침 어디에 더 있을 수 있을까.
혀 대는 것이 부끄러워 숨을 곳을 찾아야 하겠지만
숨어본들 머리만 숨고 몸통은 보여 우습기는 매한가지네.
이것,
처음은 지시이지만 깊어지면 이것, 지시 아니니
몸이야 고개 돌리는 짓 한다해도 어디에 고개 돌린 의미 있으랴.

이것은 이것이 아닐 때 이것이 되어버리니 이것이라 하면 반쯤 어긋나고
이것이라 하지 않아도 반쯤 어긋나 버리니 이것이라 하는 편이 낫다네.

세상에 나오면 이것·저것이라 하지만 이것·저것 잘못된 기준이니
이것이라는 것 나에게서 나왔다면 오온은 실체가 없어 이것이라 못하고
저것이라는 것 나에게서 나왔다면 대상 또한 실체가 없어 저것이라 못하네.
모양으로 이것이 있으면 저것이 있다는 이치,
틀린 것은 아니지만 그것으로만 안다면 다 알았다 하지 못하니
이것이라 할 때 눈 돌릴 곳이 없어져야 누구에게 속는 일 없으리라.

세세생생 살아오며 이것이라 하고 저것이라 하면서 의심하지 못한 일
통탄스럽지만
이제 가르침 들어 모든 언어 옳음이 아니라 약속으로 사용됨을 아니
그 약속 깨어지더라도 당황하지 않아 가르침으로 새김 되네.
잠시의 혼동지나 재빠르게 제자리로 돌아오니
일어남 없이 이것이 무엇인지가 알아지게 되네.

27.

이것이 일어나므로 저것이 일어납니다

일어남, 무엇인지를 모르면 일어남에 마음 빼앗겨
그 일어남 살피는 순간 나락으로 떨어지네.
일어남, 일어남으로 보지 말고 일어나는 것 무엇인지 돌아보아야
첫 화살 뽑아내고 두 번째 화살도 피할 수 있네.

양쪽이 다 우둔하면 이것이 일어나므로 저것이 일어남이 생기니
어느 쪽이 이긴들 아무 소용 없는 진흙탕 싸움.
아무리 매끄러운 구슬도 수평 위에서는 구를 수 없으니
구슬을 탓하기 전에 평정심을 잊지 말아야하네.

구슬은 때가 되어야 사라지고
지금 가지고 있는 그 구슬은 항상 흐를 준비가 되어있으니
잘 살피지 않으면 남에게 화살을 쏘아 놓고 자기가 죽는다네.
경계는 누구를 방해하기 위해 나타나는 것이 아니건만
자신의 견해 따라 방해로 보고 움직이니
일어난 번뇌 '이것'과 같은 줄 알게 되면
다시는 일어남에 옳고 그름으로 움직이는 마음 없게 되네.

28.
이것이 없으므로 저것이 없습니다

말을 뱉는 것 만큼 난처한 일 어디 있을까.
없다라는 말 없다라는 말이 아니건만
없다라는 말로 듣고 마음대로 사용하며 뒷일을 모르니
나중에 속았다고 말하지 마라.
허물은 말한 사람이 가지지만 그는 이제 가질 수 없으니
바르게 듣고 바르게 알기를 바랄 뿐이네.

이것이 없으므로 저것이 없다는 말,
허공에 쏘아 올린 화살 같은 것.
맞히려는 마음 없는데 누군가 맞고 왜 나에게 쏘았냐고 따진다면
누구에게 하소연 할 수 있겠는가.

영리한 이는 하나 속에서 여럿의 같은 이치를 발견하고,
우둔한 이는 하나 하나 말해주어도 들을 때 뿐이라 하나의 이치로 만들지 못하니
세월 흘러 구슬 늘어나도 꿰는 일은 누구도 대신해 줄 수 없네.

많은 움직임, 구슬 꿰지 못하고 엉뚱한 곳에 힘을 쓰는 일이니
다른 일로 구슬 꿰는 일 게을리하면
밥 지어 놓아도 먹을 입 없고, 물 들어 왔을 때 배를 띄우지 못하네.
다시 물들어 올 때 기다리면 있는 구슬 다 잃어버리니
구슬 모으는 인연 어디에서 만날 수 있으랴.

한 말씀 듣고 눈 녹듯 의심 없어지면 다시 할 일 없게 되네.

29.

이것이 사라지므로 저것이 사라집니다

인연이 나타나고 사라짐 없듯
이것 또한 나타나고 사라진 적 없어라.
여러 가지 나타나고 사라진다는 말 차선의 방편이니,
반야와 방편은 서로 소통하지 못한다네.
바르게 듣지 못하고 방편을 반야로 안다면
후에 부처님 원망하게 되리라.

'일'과 '이'라는 말, 순서 같아 보여도
순서가 아니라 말 그대로 방편일 뿐이네.
반야를 모르면 방편이 법 같겠지만
반야를 아는 이는 방편을 법이라 말하지 못하네.

진리를 즉하여 바로 듣는 이 드물어 방편이 많지만
방편을 설하려고 말하는 것은 아니니,
사람들 달콤하고 쉬운 것에 매료되어도
바르게 듣는 이는 좋은 것·나쁜 것 다르지 않다는 것을 알아
방편으로 방편에 매임 없어 따로 집중할 것 없는 방편으로 끝나네.

30.
바른 가르침 들리니 분별 속에 있었다는 것이 알아집니다

움직임마다 양변이 생겨나게 하였으니 어찌 바르게 왔다 하겠는가.
자국 만드는 일 없이 대상에서 내가 있는 분별 알면
앞에 있는 추는 뒤로 옮기고 뒤에 있는 추는 앞으로 옮기는 일이네.
오온의 자국 알아짐, 참으로 다행한 일이고
옮기는 속에서 분별했던 마음 사라지니 어디에도 이익과 손실 없었구나.

분별심으로 만든 자국 인연으로만 나타나니
세상과 동떨어진 한적한 곳에서 밥과 나물로 배를 채우네.

어느 세월에 꼬이고 꼬인 인연 하나 하나 다 풀 수 있겠는가.
풀수록 더 꼬여 풀수도 없고 안 풀수도 없는 지경이 될 것이니
이 일을 마치지 못했다면 인연을 잠시 쉬고 지금 꼬인 인연 무엇인지를
궁구해야 하네.
바른 가르침으로 자국 찾으면 만나야 할 많은 인연 사라지니 지울 필요
없어지네.

오온이 힘을 주려 할 때 오온이 왜 힘을 주려 하는지를 잘 살펴 알면
오온을 달래어 서로에게 무엇이 이익인지를 알게 하여야 하네.
풀기 위한 분별심은, 되로 주고 말로 받는 격이니
오온을 온전히 드러내어 자신을 보게 할 때
밧줄로 단단히 바짝 묶어 아는 범위 안에 두어야 하느니라.

소를 보다

네 가지 진리 알지 못함이 무명이었습니다
무명의 거짓된 업력이 형성이었습니다
형성의 거짓된 인식이 의식이었습니다
의식의 거짓된 표현이 명색이었습니다
명색의 거짓된 모양이 육입이었습니다
육입의 거짓된 환상이 접촉이었습니다
접촉의 거짓된 감각이 느낌이었습니다
느낌의 거짓된 싫고 좋음이 갈애였습니다
갈애의 거짓된 「나」가 집착이었습니다
집착의 거짓된 「나의 것」이 존재였습니다

존재의 거짓된 「나의 자아」가 태어남이었습니다
태어남의 거짓된 몸이 늙고 죽음이었습니다
바르게 듣고 보니 모양과 소리에 실체 없음이
전해집니다

31.
네 가지 진리 알지 못함이 무명이었습니다

머리부터 발끝까지 미진으로 만들어졌는데
뭇 삶은 그것을 형태로 만들어 즐거움 있는 것처럼 존재하려 한다네.

꿈틀거리는 미물에서 출발하여 다양하고 복잡한 과정을 거쳐 만들어진 여러 의식
서로 결합해 나라는 형상 만들어 보지만
하나의 물질로 보여도 각각에 생각의 간극 넓디 넓고
서로 결합하려 생각을 숨기니 처음에는 양보하는 것 같지만
시간이 흐르면 각자 추구하는 방향으로 움직이려는 마음 가지네.

물질은 제한적 시간을 가지니, 원하는 것
서로 포기할 수 없는 경계까지 오면 고통이 시작이 되네.
다섯 다발로 이루어진 모든 것 '고苦'다 하신 말씀,
오랜 가뭄 끝에 단비가 내리면 만물이 생명을 얻어 자라나듯이
가르침 고통으로 헤매고 있는 모든 뭇 삶들에게 단비와 같네.

한 번 씹고 버리는 껌처럼 얼렁뚱땅하지 말고
맛나는 음식 보면 단맛나는 침이 계속 고이듯 새기고 새겨
이것이 '고'라는 가르침의 깊고 깊은 뜻 무엇인지 알아내면
부처님 어떻게 이것을 아셨는지 참으로 감탄하지 않을 수 없네.

처음 그 길, 누구에게 듣지 않고 간다는 것 어찌 쉬웠겠는가.
넘어지고 일어나는 일 어느 쪽에 옳음 있는지 알지 못하면서도
뚜벅뚜벅 한발 한발 걸어가신 혼신의 발자취로
한 번도 들어보지 못한, 있을 수 없는 소리 듣게 되었으니
어디를 보고 참배해야 그 은혜를 갚을지 모를 뿐이네.

32.

무명의 거짓된 업력이 형성이었습니다

자석이 생기면 자력이 강한 쪽과 약한 쪽이 생겨나니

강한 자석이 당기는 것도 아니고 약한 자석이 끌려가는 것도 아니네.

어떤 힘을 가지고 있는 것이 아니라 조건이 그렇게 되어있을 뿐인데

조건인 줄 모르면 나라는 모양의 형성이 나타나네.

형성이 나타나면 무명이 의식을 덮어 모양이 존재하는 무명 생겨나고,

무명 때문에 물질이 무엇인지를 알 수 없어

일어나는 상황에 즐김을 가지거나 괴로움을 가지니

나라는 모양이 가지고 있는 업력을 거짓으로 알지 못하네.

댐에 작은 금이 생겨나 무너지듯이 형성의 한 생각 생겨나면 기다렸다는 듯

조작된 모든 업력이 인연으로 깊이 파고들어 해결하려 하니

얽히고 설킨 상호 작용이 있지도 않은 문제를 풀고 있네.

서로가 가졌던 모든 것, 그 속에 누구라는 개체 없건만

힘의 작용으로 생겨난 양변으로 거짓 힘겨루기를 하며

서로 멈추어주기를 바라지만, 어느 쪽도 먼저 멈추지 못하고 눈치로 세월을 보내네.

어느 날 한쪽이 이 악무는 용기 내어 힘을 빼버리면

둘 사이를 잇고 있는 줄은 서로의 불안이 만든 무명의 줄임이 드러나니

형성된 거짓된 업력의 뿌리, 온데간데 없이 흩어져

온전한 모습 그대로네.

33.
형성의 거짓된 인식이 의식이었습니다

움직이려는 마음 일어나면 악마가 기지개를 켜니
형성으로 만들어진 늪에 몰아넣어 올라오지 못하게 되네.
한계의 불안감 일어날 때, 거짓으로 알지 못하여 반대 방향으로 가려는 마음 내지만
한계 지어진 마음, 한계 지워진 마음 둘 다 거짓임을 보지 못하네.

하나 하나 알려져가지만, 거짓을 진실로 마무리하고 싶은 마음이
모든 것에 의미를 두느라, 거짓에서 빠져 나오고자 하는 마음 버리네.
너무 멀리 왔다는 생각에 지금 바로 하려는 마음 어디에 둘 줄 몰라
안절부절 못하다가
경계가 나타나면 다시 숨어버리네.

형성되어지는 것, 얼마나 멀리 가버린 것인지 가늠할 수 있겠는가?
형성되려는 마음 일어날 때, 거짓을 거짓으로 바로 알면
생성되고 소멸되어지는 것 어디에도 없게 되니
다른 행위 없이 모든 것, 처음과 같이 원만하게 끝나게 되네.

인식되어 흐르고는 있지만 스스로는 그것의 쓰임새 없는 줄 아니
인식의 흐름이 어디에 붙어 스스로를 괴롭게 함이 있겠는가.
스스로를 괴롭게 함이 없으니, 인식의 흐름 시비 없이 흐를 뿐이네.

34.

의식의 거짓된 표현이 명색이었습니다

부분에서 문제가 생길 때 특정한 어느 하나가 아닌 복합적 문제가 일어나니
전체적인 흐름을 읽어내지 못한다면
어느 부분을 수정한들 무슨 소용 있겠는가
부분이 전체인데 부분을 개체로 보면 아랫돌 빼서 윗돌 괴는 일이네.

누구나 처음 의식은 대상 없어 오직 그것으로 표현되지만
물질과 정신이 생겨나면 처음 의식은 사라지고 대상과 대상의 관계성만 남네.
자아가 생겨나면 서로가 엉켜있는 거짓된 표현들 사실 같이 주고 받게 되니
정신은 어디까지가 정신 활동의 끝인지를 모르고
물질은 어디까지가 육체 활동의 끝인지를 알지 못하면서
자아 의식이 움직이는 데로 끊임 없이 따라갈 뿐이네.

부분이 전체아닌 적 없었으니 부분을 오롯이 보면
아무것도 나타나고 사라질 수 없고, 줄고 늘음이 없으나
그것으로 항상하지 않으면 바닷물에 물 한 방울 넣는 일을 계속하면서
바닷물이 불어나기를 바라는 것이네.

35.
명색의 거짓된 모양이 육입이었습니다

본래 그것, 표현 없는 답답함 그 자체인데
표현하려고 움직임을 두니 두 갈래 여섯으로 나누어지네.
해결할 수록 복잡하고 세분화시켜 엉키게 만드니
어디에서 잘못되었는지를 모르고 앞으로만 계속 나가네.

이렇게도 한번 표현해보고 저렇게도 한번 표현해보지만
어느 하나 온전히 마음에 와닿는 표현 찾기 어렵고
답답함이라는 말 모르면 어떤 표현도 소용없으니
표현될 때마다 답답함의 차이는 점점 멀어져
오해 아닌 오해가 쌓이면서 마음의 골 깊어지고
처음으로 돌아가는 길을 알지 못하니 답답함을 알지 못하네.

이것이 있으므로 저것이 일어난다는 것이 무엇인지를 득할 때
일어남은 나로부터도 아니고, 나가 아님으로 부터도 아닌
이 몸이 있는 그대로, 누구도 해칠 마음 없이 일어난 것이니
일어난 것이라 하지 못하고 소멸한 것이라고도 하지 못하네.

물질과 정신이 있으므로 육입이 일어나고
물질과 정신이 소멸하므로 육입이 소멸된다는 말씀 그대로
그 속에 어떤 존재성 찾을 래야 찾을 수 없는 인과 과로 나타나지만
인과 과 어디에도 인과 과가 없는 일어남임을 알 수 있네.

36.

육입의 거짓된 환상이 접촉이었습니다

육근은 접촉으로 느껴지는 것을 의식에 확립하여
사실처럼 인식하고 경험으로 저장한다네.
어디에도 기준점이 없는데 접촉이 어떻게 표현되어 나타날 수 있겠는가?
나타난 그 표현 지금이 아니라 이전의 것,
전에 있던 접촉은 이전의 육근에서 왔을 것이지만
그때의 그 육근 또한 기준점 없으니 접촉에 대한 정보 남아있을 수 없네.
과거의 정보가 거짓이라면, 지금 일어나는 접촉, 환상 아닐 수 없고
접촉은 정보를 모아 분별하려 함이 아니니
접촉과 동시에 일어나는 그 한 생각, 환상임을 절대로 잊지 말아야 하네.

육근을 가지고 있으면 죽음에 들어갈 때까지 계속 움직일 수밖에 없는데
움직임을 가지고 시비하면 영원히 진실 알기 어렵다네.
그 움직임에 환상 아닌 것 없음을 알면
흐름 속에 머무름 없고, 붙잡음 없고, 시비함 없으니
접촉할 수 없고 경험할 수 없는 스스로를, 어떻게 알 수 있고 경험된다 하겠으며
누구를 보고 나라 할 수 있겠는가!

37.

접촉의 거짓된 감각이 느낌이었습니다

바람이 분다.
바람이 정말 부는 것일까?
기압 변화로 갇혀있던 공기가 강약에 의해 흐르는 것처럼
그 흐름 속에는 개체의 감각이 없어 옳은 방향과 그른 방향도 없다네.
접촉에서 바람이 생겨날 수 없으니 무엇을 반응하여,
'바람이 분다' 하겠는가.

나라는 생각을 가진 개체는 접촉으로 생기는 감각에 의존하여
순간적인 분별심으로 나의 기준에서 이쪽과 저쪽을 만드는 일 반복하면서
무엇이 문제인지 파악하지 못하고 변화되는 생각의 허점 보지 못하네.

느낀다는 것, 그 순간 도둑질을 당하는 것이지만
사람들은 도둑질을 당하고도 무엇을 잊어버렸는지조차 모르네.
알 수 없는 사실에 대해 느꼈다고 가져버리면
대상이 생길 때마다 거짓된 감각은 더 많아질 것이네.
분명한 것은 지금 가지고 있는 정보는 사실 없는 소문이니
사실 없는 소문은 나타남도 없고 사라지는 일이 없네.

38.

느낌의 거짓된 싫고 좋음이 갈애였습니다

통함에는

큰 것도 없고 작은 것도 없고 옳은 것도 없고 옳지 않은 것도 없네.

갈애는 동전의 앞·뒷면이고 통함은 동전이 없는 것이니

동전을 버리면 통하는 것 없이 통하는 것을 얻는 것이 되고

얻고 나면 본래 동전 버린 적 없었기에 얻었다 할 것도 없네.

부처가 없는 것을 있다고 말한다면 그가 악마이고

악마가 없는 것을 없다고 말한다면 그가 바로 부처이니

말은 모양에도 있지 않고 소리에도 있지 않아야

목이 베이는 일이 일어나더라도 웃음을 잃지 않고 모두 풀어 주느니라.

태풍에 바닷물이 뒤집어지고 울렁거려야 가라앉은 오물이 뒤집어져 공기가

들어가듯

몸이 나타나 성가신 일으킴 일으켜 분심 속에 의심이 들면

잘못되었다 하는 것이 잘된 것이 되고

잘되었다고 좋아하면 나쁜 것이 되는 것이네.

이렇듯 한 마음 어떻게 가지느냐에 따라 모든 것 달려 있으니

나쁘다고 실망말고 좋다고 안심하면 안되네.

잃기 싫음에서 애착이 생기니, 가지려는 것 불덩어리인 줄 알면

누가 그것을 가지려 애써 욕망하겠는가.

애착하는 것 불덩어리인 줄 몰라 갈애하니

느낌으로 생긴 모든 생각들 불쏘시개가 되어 불을 지피네.

갈애하고 있는 마음에 넣을 것 없어지면

느낌의 거짓된 싫고 좋음의 불씨 사라지네.

39.

갈애의 거짓된 '나'가 집착이었습니다

오온이 '나'다,
갈애의 처음이고 끝이네.
다른 갈애들 혼란을 주기 위한 눈가림인데
눈가림에 마음 빼앗기면 소의 꼬리를 잡고 소를 잡았다 할 것이니
갈애의 처음과 끝에 온 힘을 쏟아야 겨우 소를 보았다 할 수 있다네.

모든 뭇 삶들 속박되어 있지 않지만
오온이 나라고 하는 말 거두어들이지 않으니
속박 없이 속박되어 있다는 것 이런 것이구나.

오온이 무엇인가? 의문 던지면
뭇 삶은 혼란스러워 말문 막히니 사방이 막힌 벽같겠지만,
오온이 알게 되는 것 아니네.
오온이 알 수 없는 것이 되어, 알 수 있는 것이 된다면
오온이었던 것을 이제 나라고 하지 않으니
그와 항상 같이 있었지만 이별하고 있었고, 이제 이별하지만 같이 있네.

40.
집착의 거짓된 '나의 것'이 존재였습니다

뭇 삶들, 작은 것 두고 꼬이고 뒤섞여 서로 다투니
오늘은 내 것 되고 내일은 너의 것 되네.
혹여나 가지지 못할까, 일부분을 얻고 불안으로 눈치 보는 일 참으로 가여워라.
누구에게 속한 적 없었건만 머쓱하게 끼어들어 나의 것이라 해버리네.

엎치락뒤치락, 누가 누군지도 모르고
눈앞에 먹이 따라 한평생 앞만 보고 달리다가
생의 끝자락, 사람이 보이지 않는 내 순서 다가오면
억지로 낸 편안한 마음으로는 알 수 없는 두려움 다잡지 못하네.
몸이 가려 하니, 도살장에 끌려가는 소가 자기가 왜 끌려가는지 모르듯
왜 이렇게 가는 줄 알지 못하니 참으로 애석할 뿐이네.

사람들 모양 다 지워진, 나에 대한 깊은 성찰 필요한데
단맛이 없으니 누가 그 쓴맛을 음미하겠는가.
몸이 갈때, 나를 위한 일 아무것도 해주지 못했으니
껍데기만 남겨놓고 허송세월 보낸 일 누구를 원망하겠는가.
'나의 것'이라 말하지 마라,
뒷정리는 나의 몫이 되어버리니
그 무게가 엄청나, '나'가 나를 짓누르고 있느니라.

41.

존재의 거짓된 '나의 자아'가 태어남이었습니다

희망을 가지고 싶은 마음 누가 모르겠는가.
그러나 그곳이 너의 집이 아님을 알고는 나왔느냐.
어느 날 그곳이 불바다라는 소리 누군가에게서 들으면
즉시 모든 것 멈추고 너의 집을 찾아 나서야 할 것이지만
제 잘난 맛에 도취되어 앞뒤 분간 못하면 재난을 면치 못하니
그러한 소리 다시 듣지 못해 하염 없이 떠돌아다녀야 한다네.

뱃속에 들어갈 때에 너의 마음 굳건하여, 물러남 없이 가려 했거늘
밖에 나와 철저히 상기하지 못하면 되새김하기 어렵고 어렵네.
달콤한 맛이 나는 사탕 양손에 다 쥐고 있더라도
너의 집이 아닌 것, 어떠한 산해진미도 소용없다네.
눈 씻고 찾아봐도 태어난 어디에도 너도, 너의 것도, 너의 자아도 없으니
나라는 이름 붙기 전에 스승을 찾고 진리를 찾아 나서야 하느니라.

나무를 심지 않으면 어떠한 열매도 얻을 수 없듯
출발하지 않으면 세상을 바르게 볼 수 없어 마왕의 입에 들어가 버리네.
하지 않으면 어떤 것이든 나를 도우려는 것처럼 보이지만 돕지 않았고
하게 되면 모든 것 나를 돕기 위해 애쓰고 있다는 것 알게 되네.
밀밀되면 어느 것도 이름 붙일 수 없음을 알게 되니
그때 스스로의 숨, 쉬어지면 '나' 태어났다고 말할 수 있으리라.

42.
태어남의 거짓된 몸이 늙고 죽음이었습니다

늙고 죽는 일, 쉬운 줄 알았겠지만
스스로를 모르면 늙어 죽고 싶어도 늙고 죽을 수 없네.
뭇 삶이야 모양으로 늙고 죽는다 하겠지만 그 보이는 것 다가 아니니
모양에 속아 두려워 말고, 올바른 가르침에 귀를 기울여야 하네.

끝자락에서 뒤돌아보면 모든 일, 실체 없는 암흑의 그림자일 뿐이니
아른거리는 신기루 쫓기를 그치고 뒤를 돌면 천길 낭떠러지
고작 백 년 긴 것 같아도 목전에 다다르면 하룻밤 꿈이라네.
미루고 미루다가 집에 가려는 마음 넘겨, 다음을 기약하지만
그다음은 다시 다음이, 또다시 다음이 되어버리니
조그만 마음이라도 있을 때 지금 여기에서 하고 나면
몸은 고달프다고 하겠지만 마음은 뿌듯할 것이네.

허깨비로 멋지게 사는 삶 좋아 보일지 몰라도 눈 있는 자가 보면
미친 사람이 죽은 아들 시체를 살아있는 것처럼 움켜쥐고 놓지 못하는 형상이네.
정신이 들면 무모한 짓을 겁없이 하였음을 알게 되겠지만
돌아오지 못하면 하루 꿈같이 있다가 누구의 기억에도 없이 사라질 뿐이네.

이와 같이 흘러온 시간, 길다는 말 무색할 만큼 길고 길었으니
이제 늙고 죽음이 무엇인지를 궁구하여
구덩이에 빠지는 일 없도록 하여야 하느니라.

43.

바르게 듣고 보니 모양과 소리에 실체 없음이 전해집니다

연기는 끝이라는 것 없어 하염없이 돌아가고
밝음 없이, 어둠 없이, 사실 없이, 거짓 없이,
나올 수도 없고 들어갈 수도 없는 회전으로
생기게 할 수도 없고 무너지게 할 수도 없이 굴러가네.
바르게 듣지 않으면
믿기 어렵고, 이해하기 어렵고, 얻기 어렵고, 체득하기 어려우니
물질을 가지고 물질이 아님을, 마음을 가지고 마음이 아님을 어찌 듣겠는가.

차라리 몸과 마음을 모두 주고, 나의 모든 번뇌를 없애주기를 바라겠지만
그렇게 수억 번을 한다고 하더라도 벗어남은 한 번도 일어나지 않으니,
눈으로 듣지 못하는 것을 듣고, 귀로 보지 못하는 것을 보아야 겨우 손뼉 칠 수
있다네.
참다운 가르침 몸과 마음으로 얻어지는 것이 아니니
눈으로 보고 귀로 듣는 것으로 지견을 낸다면 죽는 것보다 못할 것이네.
몸과 마음으로 공들이지 말고 그 공들이는 마음 한번 돌이켜 볼 줄 알면
한 입에 바닷물을 다 넣으려는 어리석은 짓, 일시에 그쳐
입으로 먹는 일 사라지고 코로 숨 쉬는 일 나의 일이 아님을 알게되네.

그 모든 일 스스로의 신통이 되어버리니
뭇 삶 누구나 가지고 쓰는 묘용 어찌이리 바른가에 감탄하네.
온 것은 온 데로 가고, 간 것은 간대로 가는 것은 오온의 이치일 뿐
누군가에 의해 움직일 수 없으니 마음 졸이며 걱정 할 필요 없네.
필요하면 저절로 그렇게 만들 것이나, 필요 없으니 그렇게 하지 않을 뿐,
생각하나 일어난 적 없는 속에 혀 찰 일도, 고개 끄덕일 일도 없네.

보이고 들리는 흐름은 순간순간 변하니
알고 있는 것이 변하는 것 보지 못하게 하고,
알고 있는 것이 아무 소용 없음 뼈저리게 와닿으면 참다운 실체가 드러나리.

소를 얻다

본래 부처라고 믿는 마음이 대신심입니다

오온을 나라고 하는 자에 대한 의문이 대분심입니다

생각으로 헤아리는 자에 대한 의문이 대의심입니다

균형을 잃지 않음이 염각지입니다

선택해야 할 것 없음이 택법각지입니다

양변에 치우침 없음이 정진각지입니다

물질과 비물질의 벗어남이 희각지입니다

경계에 흔들림 없음이 경안각지입니다

경계가 사라짐이 정각지입니다

버려야 할 것 없는 것이 사각지입니다

다툼이 사라지니 나누고 싶은 마음 간절합니다

44.
본래 부처라고 믿는 마음이 대신심입니다

그것은 언제나 그곳에서 항상 그것으로만 그렇게 그것인데
누가 그것을 믿는 마음 내었다 할 수 있겠는가.
중생이 부처되는 일 팥을 심고 콩을 기다리는 일이고
부처가 중생 되는 일 볶은 콩에서 싹 틔우는 일이니
무엇으로 믿는다는 것 오온으로 믿는 일 아님을 알아야 하네.

그 경계 모호하다고 없는 일인 줄 알면 자신의 어리석음 드러내는 일이니
함부로 말하지 말고 천천히 크게 믿음 내었다는 말 음미해 보기를 권하노라.
가만히 그 믿는 마음 내다보면 움직이는 놈의 움직임 적어지네.
차차 자신의 움직임 보다 고요함이 더 깊어질 때
처음으로 움직임 없는 것이 무엇인지 다가오니
일어나고 있는 것 없이 생각이 만든 그림자만 움직이고
모든 대상 그 힘을 잃어버려 안개가 태양에 의해 사라지듯 일시에 없어지네.

모양이 사라지니 본래 부처 나타나고
믿는 마음 없어지니 그 자리 크게 믿는 마음이라 하네.

45.

오온을 나라고 하는 자에 대한 의문이 대분심입니다

많은 이름과 많은 모양으로 헤아릴 수 없이 태어났지만
지금 이 몸이 처음 같아 입으로 떨어진 달콤한 꿀 한 방울 달달하기만 하고
아래위로 일어날 일 아무것도 모르면서 땀 흘리며 먹으려고 용을 쓰네.
인연 때문에 지나치지 못하고 사실을 전하니
어떤 이는 놀라고 어떤 이는 알아듣지 못하고 어떤 이는 믿지 않는데
사실은 전하기 어려워 웃지도 울지도 못하네.

흔적 없이 와서 흔적 없이 가는 것밖에 없는데
헛것을 기리는 정성 누구에게 돌리려 하는가?
그런 일 없다 하면 내 몸을 훑어보고 비웃겠지만
사람들에게는 가장 필요 없는 것 전해주려
산속에서 산밑으로 소리높여 외치고 있네.
그 외침 듣고 산을 향해 묻는이여,
지금까지 나라고 하는 자를 의심해 보게!
그자를 의심하면 나중에 울 일이 없으니
자나 깨나 한마음 되면 그놈이 단단한 우리에 가두어지니
그놈의 실체 알아내려 대분심이 일어나네.

세상에 수많은 글자와 문장 있지만
오온이 내가 아니라는 말 누가 누구에게 하겠는가?
믿음 내고 수행하는 이를 보면 선재선재라 아니할 수 없네.

46.

생각으로 헤아리는 자에 대한 의문이 대의심입니다

자국 모를 때는 밖을 나의 방해로 알았지만

자국을 알고 나니 자국 내는 자를 세세히 보네.

알아차림 해 보아도 금세 자리를 차지한 그놈이 자국을 내어버리니

허둥지둥 넘어져 언제나 제자리걸음으로 그놈에게 당겨지네.

실망과 절망 밀려와 꼼짝 못하고

멍하게 먼 산 바라보니 한마음 쉬어지는구나.

누군가 자국을 내었다는 생각에 잡혀

그 누군가를 찾으려 덤벼들었으니 당하는 일 당연하고 당연했네.

'하나도 빠짐없이 모든 것'이라는 말, 수없이 듣고 되뇌였건만

정작 하고 있는 그 하나가 그 하나라는 것 어찌 알겠는가.

함, 양변에서 출발했거늘

양변이 아니라는 생각으로 의심을 다른 곳에 두어

다리가 간지러운네 등을 긁고 있었으니 시원할 수 없었네.

출발이 의심되니 제자리 돌아오기 훨씬 쉬워지고

그다음에 대한 생각이 사라져 대의심 확고해지네.

파고 들어가는 속도가 빨라지고 큰 의심의 힘

시절 인연으로 산 위에 맑은 물 끝없이 솟아오르네.

47.
균형을 잃지 않음이 염각지입니다

사유의 저울 처음부터 비어있었는데
경계의 바람 일어 저울에 먼지가 떨어졌다고 생각을 일으키네.
사유의 저울에 손을 대면 처음을 어기는 일 되어버리니
악마가 와서 만지게 하려 하나
가르침의 믿음 있으면 경계에 고요하여 손댐이 없네.

모양으로 만든 저울 아니건만 악마가 무게감을 만들려고
진귀한 것들 가지고 와 나의 것이라 외치네.
가르침 듣지 못해 무거움, 나의 무거움인 줄 알았지만
들을 수 없는 소리 듣고 나니 귀하다고 하는 것 독인 줄 아네.

한 번도 균형 잃었던 적 없었는데 한 생각에 속아
있지도 없지도 않은 환영에 마음 빼앗겨 지내온 날들이 수없다네.
이제 균형 잃지 않은 저울 얻으니
모양이 올라와도 소리가 올라와도 흔들림 없이 여여하네.
무수한 경로를 지나 제자리 찾아왔지만 발을 떼어 왔다고 하지 못하는 것은
그 경로조차 한 생각이기 때문이라네.
어디에 온 발자국 있어 다른 이에게 보여줄 수 있겠는가.

균형 잃어 본 적 없는 사유가 소와 발맞추어 걷고
소가 가끔 거칠게 다가와도 분명한 웃음 잃지 않으니
사유의 깨달음 어느 때 어느 곳 벗어남 없었네.

48.

선택해야 할 것 없음이 택법각지입니다

해가 대지를 비춤 어디에 선택함이 있겠는가.

비가 대지를 적심 어디에 선택함이 있겠는가.

비추지 못하고 적시지 못하는 것은

그들이 그들 자신을 그늘 속에 두고 있는 인연 때문이니

해가 그러는 것도 비가 그러는 것도 아님을 알아야 하네.

선택함으로 무엇을 찾고 있는 자 유심히 보게 되면

그자는 아는 것 없이 성큼성큼 찾고만 있네.

청소 물고기가 모래알을 입에 넣었다 뱉었다 하는 것처럼

알아서 입에 넣는 것이 아니라, 일단 입에 넣어보려는 마음뿐이네.

배부를 수 없어 그 행동 그치지 못하니

어찌 밝은 날이 되기를 바라겠는가.

성품은 선택하고 선택하지 않는 양변이 없고

성품은 항상 하고 빠짐없고 두루 하여 언제나 선택되고 있으니

택함이 없는 법 이치로 와닿았다면 서두르지 말고 가만히 기다리게.

아래위 딱 맞아떨어지는 때가 되면

단박에 그자와 이별하여, 선택 없는 법과 다투는 일 다시 없을 것이라네.

49.

양변에 치우침 없음이 정진각지입니다

밀밀하다는 것 틈이 없음이니
무엇도 더 들어올 수 없는 가득함이구나.
이것을 떠난 정진 없으니 어디에서 어디로 감이 있으랴.

이리저리 움직임을 나라고 알고 있으니
본래면목 처음부터 존재할 수 없는 것 모르네.
고요함을 정진으로 삼고 고요함을 자신으로 알고
양변에 치우친 생각으로 고요함에 빠져있으니
고요함을 그것으로 잘못 알아 틈 없음을 알지 못하네.

물질을 가지고 물질 아님을 자성으로,
물질로 무엇을 이루는 것 아님을 바탕 삼아
물질로 일어나는 느낌이 실체 아님을 정진하니
따로 시끄러움도 없고 고요함도 없어 평상심 그대로네.

평상심 참으로 어려운 말인데 오온의 평상심을 평상심으로 알아
환영 속에서 자유자재함을 얻었다 하니 대체 어디서 나온 것인지 묻고 싶네.
어찌 채움 없는 일을 오온이 가늠하여 얻을 수 있겠는가.

평상심 이것은 밖으로 나온 적 없고,
사용되어 본 적 없는 치우침 없는 마음이니
물질로 치우침 없는 마음 알 길 없네.
물질이 내가 아님을 알면 치우침 없는 마음 가질 필요 없어
언제나 밀밀하여 오온이 끼어들 자리가 없는 정진각지이네.

50.
물질과 비물질의 벗어남이 희각지입니다

성품은 색에 있지도 않고 공에 있지도 않았으나
색이 즉 공이요, 공이 즉 색이라 함은 아직 남은 하나 때문이네.

귀는 뚫려 듣는 듯 하나 표정이 없고
눈을 뜨고 사물을 보는 듯 하나 초점이 없고
입은 열려 있는 듯 하나 발음이 새어 나오네.

이와 같은 즐거움 얻어 부딪침 없이 유유자적한데
나타나고 보이는 것 찾는 이는 이러한 즐거움 어찌 알겠는가.
즐거움은 보이고 안 보이고에 있는 것이 아니라
어느 것도 나를 끌어들일 수 없음에 있는 것이니
그러한 즐거움 알면 다시 무엇을 보고 안 보는 허덕임 없네.

내가 좋아하는 것 눈앞에 있으면 좋아하고 없으면 싫어하여
불안하면 벗어남이 무엇인지 모르지만
부처님 말씀하신 '중도'의 뜻 헤아릴 줄 알면
물질과 비물질이 내가 될 수 없음 명확하네.
다시는 '나는 물질이다·나는 비물질이다'로 나 삼음이 없고
나를 인지하려는 마음 사라지니, 내가 아닌 것들만 수두룩 쌓여 있었네.

51.
경계에 흔들림 없음이 경안각지입니다

세상에 신기루 아닌 것이 있느냐?

이것 이외에 다시 알아야 하는 것 없고
이것 이외에 다시 보아야 할 것 없는데
어찌 경안함 이외에 다른 것이 있겠는가.

편안하려고 하면 벌써 경계에 흔들림 생긴 것이고
유지하려고 하면 힘이 들어가 고통을 느끼게 되네.
편안함이 없는 줄 알아야 편안해지거늘
힘들여 누르려고만 하니 어느 때 편안해지겠는가.

흔들리고 있는 깃발을 붙잡고 흔들리지 않는다고 말하는 것은
그 붙잡음 자체가 바로 흔들림인 줄 알지 못하기 때문이네.
신기루는 잡을 수도 없고, 놓을 수도 없는 것이니
붙잡고 알았다고 하는 자여, 신기루를 보았다고 하지 마라.

행주좌와 어묵동정 모두 경계임을 알고 있으니
따로 없애야 할 것 없어 헤맬 필요 없고
따로 구하여야 하는 것 없어 사량분별 일어남 없고
아무 힘쓰는 일 없으니 그 이름을 편안이라 한다네.

52.
경계가 사라짐이 정각지입니다

한 생각, 한 느낌으로 나타나 보이는 경계
거짓 기준점인 줄 모르고 사용하게 되네.
그 경계 본래의 기준점 아니므로
측량도를 그려 나타내어본들 무슨 측량이 되었다고 하겠는가.

선정은 방편으로 거짓 기준점을 뽑아 버리기 위함이니
경계가 사라지는 선정을 얻었다 하여 본래 기준점을 알지 못하면
없는 그림을 그려 놓고 다른 이에게 보라고 하는 꼴이 되니
선정이 없어야 경계가 처음부터 없음을 알게 되는 것이네.

거짓으로 꽂아 놓은 깃발을 뽑아 버리고 나면
무시이래 사대오온으로 기준 삼아 온 일들이
햇살에 안개가 사라지듯 순식간에 사라지고
경계도 없고 집중할 것도 없는 기준점 나타나네.

모든 경계에 표시 없이 모든 것 지나가면
바른 선정 닦을 필요 없는 본연이 되니
부족함 없이 두루 하여 생각을 끼워 넣을 틈이 없어지고
처음부터 푸른 하늘에 구름 자국 남을 리 없네.

53.
버려야 할 것 없는 것이 사각지입니다

모든 사물 나라는 틀로 재단할 수 없으니
가위로 자를 수 있는 곳 어디서 찾을 수 있으랴.
잘라 낸다면 어떤 연유로 잘라냄을 말할 것이며
그냥 둔다면 어떤 연유로 그냥 둔다 하겠는가.

개체와 개체 각각 분리되어 보이지만
조금 멀어지면 개체와 개체가 합쳐져 또 하나의 개체이네.
좁아지면 개체가 나뉘어 또 다른 개체가 생기니
버릴 수도 버리지 않을 수도 없는 개체일 뿐이네.

사물이 나타날 때, 필요와 불필요 없이 드러나지만
인연의 구성 요소에 따라 둘로 나누어지는 것은
탐하고자 하는 마음이 서로 같아서 일어나는 것이지
사물이 가지고 있는 본래의 성품이 쪼개어지는 것은 아니네.

바르게 간직해야 할 것이 사물에 있지 않음이 드러나면
사물은 버리고 가짐 없이 저절로 버려지는 것이지
따로 버림을 가지고 버렸다 하여서는 안 되네.

54.

다툼이 사라지니 나누고 싶은 마음 간절합니다

모든 것 한 곳으로부터 나와 여럿으로 나누어졌으니
그 여럿 한 곳으로 가려 할 때 모양과 소리 될 수 없네.
버려지기만 하면, 하나 될 필요 없는 원래의 모습 드러나는데
하나 되려고 하는 마음으로 엉뚱한 모양 만들고 있네.

긴긴 세월 동안 나 아닌 적 없이 지내왔으나
나에 대해 누구에게 묻지도 듣지도 못했으니
누구에게 속았다고 할 수 없이 나 아닌 것에 탐을 내었구나.
다양한 모양으로 돌아다니면서 죽이기도 하고 죽기도 했지만
지금 모양으로 살아가는 뭇 삶 가운데 나 아니라 할 수 있는 것 없네.

이제 다투고 빼앗을 수 없는 이유를 알고 나니
나누어 줄 것은 없지만 나 아닌 것과 소통할 마음 간절하네.
어려운 소리 같고 미친 소리 같지만, 알아야 할 것 이것뿐이니
빼앗는 것도 없고 주는 것도 없는 마음 그대로 전달하네.
모양이 보이고 언어가 생기니 귀로 들어야 할 것을 듣지 않아
자신의 이름 불러 메아리로 돌아와 버리네.

산속에 머물면서 세월을 벗 삼아, 오는 이의 이름 부르고
간혹가다 삼키는 이 있으면 차 한잔 나누는 즐거움 있네.
서로가 상대의 이름 불러 대화는 밤을 잊고 흐르니
세상의 즐거움 중에 이보다 더 큰 즐거움 어디 있겠는가.

소를 기르다

알아차림과 새김으로 근심을 제거하며,
몸에 대해 몸을 관찰합니다

알아차림과 새김으로 근심을 제거하며,
느낌에 대해 느낌을 관찰합니다

알아차림과 새김으로 근심을 제거하며,
마음에 대해 마음을 관찰합니다

알아차림과 새김으로 근심을 제거하며,
사실에 대해 사실을 관찰합니다

몸의 무상함 마음에 들립니다
입의 무서움 마음에 들립니다

생각의 해로움 마음에 들립니다

태어남이 있으면 탐심이 일어납니다

이룸이 있으면 성냄이 일어납니다

죽음이 있으면 어리석음이 일어납니다

다르다는 마음 사라지니 너와 나 본래 없음이
전해집니다

55.

알아차림과 새김으로 근심을 제거하며, 몸에 대해 몸을 관찰합니다

우주 법계에 방위 없고, 의식 안에도 방위 없건만
그 속에 그림자 생기면 시방이 나타나고,
시방이 생기면 옳고 그름의 뿌리 만들어진다네.

맑은 날 창문을 열고 청소할 때,
공간 전체의 시선으로 자유롭게 움직이는 먼지들을 관찰하면
어느 하나 방해함 없이 자유롭게 움직이고 있음이 알아지듯,
방위 없이 보여지는 그대로 몸을 알아차림 하면
몸이 가진 다양한 표현들, 맞아서 사용하는 것 아닌 줄 알게 되네.

몸을 관찰한다는 것 나중에는 부질없는 일이지만
하지 않으면 알아차림의 핵심 놓칠 수 있고,
알아차림 되어있지 못하면 새김은 더더욱 어렵네.

일아사림은 허공 같은 것이어아지 판단이 되어서는 안 되며
허공은 판단 없이 알아차림 되어있어, 보는 것 따로 없네.

56.

알아차림과 새김으로 근심을 제거하며, 느낌에 대해 느낌을 관찰합니다

처음 만물이 소생할 때,
완전히 드러나도 온전함을 모르고 사라지네.

어두운 밤 밧줄을 보고 뱀이라 느낀 것은, 뱀에 대한 느낌이 있기 때문인데
확연히 보지 않고 그 느낌 사실 같이 생각하니 밧줄을 영원히 뱀으로
기억해버리네.
계속되는 생멸 속에 아주 많은 경험의 기억, 알게 모르게 사실로 저장되어 있으니
느낌을 느낌으로 관찰하는 것 쉽지 않을 수 있네.

그때그때 모여 있는 육근·육경·육식 조금이라도 변하면
인식이 바뀌면서 반응에 의한 느낌 찰나지간에 달라지네.
이러한 느낌 세세하게 알려면 알아야 할 것 놓치고
사변적인 생각에 빠지게 되니
어제의 나쁨이 오늘은 좋다 하고 어제의 좋음이 오늘은 나쁘다 하네.

그 느낌이라는 것 누가 만들어 사용하기에 이렇게 변화무상한가?
이때를 놓치지 말고 사물과 소리가 아닌 그것에 맞아 떨어지면
나의 느낌 저의 느낌 어디에 실재하는 느낌이 있어 다투었나.
느낌에 대한 근심 사라지면 그때를 일러 알아차림의 새김이라 한다네.

57.
알아차림과 새김으로 근심을 제거하며, 마음에 대해 마음을 관찰합니다

내가 나라고 할 때 마음과 네가 나라고 할 때의 마음 다르지 않건만,
분별시비 일어나면 모양과 소리에 기대는 마음 나타나
그때의 두 마음, 본래의 마음이라 할 수 없네.

뭇 삶들 그때의 마음, 마음 아닌데 그것을 마음이라 하여
마음을 관찰하지 못하고 자기 마음이라는 마음 아닌 것 지키고 있으니
마음이 바로 부처라는 말씀에 어찌 바로 즉 할 수 있겠는가.
마음은 처음부터 어디서 나온 바가 없는데
거짓된 마음을 내 마음이라 하며 진짜 마음 같이 사용하네.
마음은 오직 한마음밖에 없으니 따로 내 마음이라 한다면
어디에서 그 마음을 가져왔단 말인가?

마음은 순서가 없고, 많고 적음이 없고, 높고 낮음이 없으니
이렇게 관찰되면 마음을 관찰한다고 하겠지만
잘못된 마음으로 관찰한다면 할 때마다 근심만 쌓여 갈 것이네.
알아차림·새김·마음 이 세언어는 글자는 달라도 같은 말이니
여기에 어떤 말도 넣지 말고 그대로 알면
마음에 시비심 사라지고 모양과 소리 그대로 마음과 다르지 않네.

58.
알아차림과 새김으로 근심을 제거하며, 사실에 대해 사실을 관찰합니다

사실이 없다는 것 분명히 알고 나면
소는 소일뿐 나와 무슨 상관있으랴.
잡고 있던 밧줄 풀어주고 저도 편하고 나도 편하니
어느 때에 이렇게 한가롭게 둘 다 편해본 적 있었는가.
코에서 콧바람 절로 나오고 입가에 웃음 떠날 날이 없으니
거친 옷과 거친 음식, 모자람 없이 풍족하다네.
다시 어디를 향해 소 울음소리 낼 필요 있겠는가?
그렇다고 소 울음소리 없어지는 일도 아니니
그때 그 소 울음소리, 소 울음소리 아니니 소 울음소리로 듣지 말게나.

소를 떠나 다른 것이 되지 못함은 지금 인연의 일이니
이러한 인연으로 그것을 전하는데 어떤 부족함도 없다네.
한없이 사용한들 넘치고 넘쳐 줄어듦 없으며
한글자 속에 팔만사천 법문 넣고, 팔만사천 법문 펼쳐 사라지게도 하니
자유사재하여 적재석소 맞지 않은 곳이 없어라.

59.

몸의 무상함 마음에 들립니다

소라는 놈 원래 천방지축이라,
이곳에 두면 저곳으로 가려 하고, 저곳에 두면 이곳으로 가려 하니
원하는 것 자신도 모르면서 그때그때 이거다 싶으면 사납기가 불같네.

줄을 바짝 당겨 거리를 좁히지 않으면 문 밖으로 나가 어지르기 일쑤이니
알아차림 없이 그놈에게 당하고 처리는 나의 몫이 되었던 일 많고 많았네.
정면으로 보고 있으면 저놈이 나인가 싶겠지만, 내가 아니고 누구이겠는가?

앞뒤 다 뒤져 눈을 비비고 봐도 얌전한 구석 보이지 않지만
이놈과 싸우면 모든 것이 잘못되어지니 다투지 않고 가는 길
소의 실체가 무엇인지 아는 길 뿐이네.
잠시 모든 것 내려놓고 절박한 마음으로 자세히 지켜보니,
아무것도 하지 않고 속수무책 시간만 보내고 있었네.

모든 일 이놈이 잘할 거라 생각하였지만 지금 온 곳도 모르는 이,
진리에 관심을 가지고 허허벌판으로 나서는 일 하겠는가.

정신 차려, 새장 문 열고 훨훨 날아보지만 나타나는 것마다 경계이니
부딪혀 움츠러들고 넘어지기를 반복하다가 우연한 끊어짐 생겨나네.
허전하기도 하고 가볍기도 하여 무엇이라 말을 못하고
이제까지 알지 못했던 연구의 다른 이치 알아지니
지금껏 알고 있던 그놈 어디에도 쓸모없는 고기 한 덩어리였네.
무상하다는 말 무슨 소용이 있겠는가.

60.
입의 무서움 마음에 들립니다

알고 나면 모든 소리 살리는 소리지만
모르고 사용하면 모든 소리 죽이는 소리된다네.
왔다 갔다 하면서 수없이 내 뱉은 말,
돌아올 때 내 입 속에 들어가는 용광로 쇳물로 돌아오니
서로서로 넣어주기 멈추지 않고, 더 뜨겁게 끓이기를 하염없이 계속하네.

한번 돌이켜 들린 인연의 이야기,
바르게 살아가는 소리로 서서히 들리니
새롭게 들리는 소리 귀 쫑긋하여 움직이고 지나온 일 부끄러워 몸 둘 바를 모르네.
소리가 다 소리가 아니라는 마음 일어나고
어디선가 부는 바람 뺨을 스치는데
지금까지 알지 못했던 다른 느낌들 꽉 차오르네.

모든 일, 나와 누구라는 것 없는 곳으로 흐르는데
듣지 못하고 알지 못하여 무서움 모르고 하였던 소리
인연으로 맺어진 모든 이에게 마음으로 참회하니
늦음을 걱정하지 않고, 빠름을 다행으로 여기네.

입으로 짓기는 쉬워도, 다시 받으려면 너무나 어려운 일
입이 열리기 전 잘 살펴 돌아오는 것 없게 하는 것이 제일이네.

61.

생각의 해로움 마음에 들립니다

성실함, 좋은 말 같지만 나쁜 일을 성실히 하게 되면
성실함 나쁘게 사용되고
나태함, 나쁜 말 같지만 나쁜 일을 나태함으로 있으면
나태함 좋게 사용하는 것이네.
생각은 좋은 일 보다 나쁜 일 많으니
생각이 일어날 때 나태해지면 다른 일 할 필요 없네.

언어는 지혜롭게 사용하면 그 쓰임새 무궁무진하나
잘못 사용하면 천차로 어긋나니 조심하여야 하네.
일으킨 한 생각, 바라는 마음되면 기도와 같은 것이니
악마가 가만히 듣고 그가 일으킨 대로 들어주네.

생각에는 좋은 생각도 없고 나쁜 생각도 없지만
일어나는 해로움 알면 그 생각 오래 잡고 있지 않게 되니
생각에 붙잡혀 오래 머무른다면 공부인이라 할 수 없네.
일으킨 생각에 분명한 지혜가 있으니 생각에 물들지 말고
그곳을 빠져나오는 지렛대로 사용하여야 참수행인이라 할 것이네.

62.
태어남이 있으면 탐심이 일어납니다

가지고자 하는 마음 일으켜 태에 찾아 들어가니
들어갈 때 마음과 나올 때 마음 천양지차네.
무엇이 되어 나온들 속고 또 속아 허망하게 무너질 것이니
탐으로 시작하는 순간 그 어떤 것도 무너지지 않은 것 없었네.
부처님 아들 라훌라에게 '다시 태어나지말라' 당부하신 말씀
자식에게 줄 수 있는 값진 유산이 되니
귓가에 천둥처럼 우렁차게 들리네.

무너지는 것 유산으로 남기고 걱정없겠다고 말하지만
태어남의 '고' 알고 나면 그것만큼 저주스러운 말 없다네.
좋은 몸 가지고 태어나서 이 길을 가겠다고 말하는 이들이여,
태어남에 무슨 좋음이 있는지 모르겠구나.

각양각색 탐심 중에 오온을 나라고 하는 것 제일의 탐이니,
그 탐의 굴레에 빠져 디시 디이나는 마음 일으키네.
마음대로 되지 못해 다시 다른 몸 받기를 바라면서 떠도니
어느 세월에 그 탐을 바르게 보고 어리석음에서 벗어나겠는가?
어떤 태어남이든 지금 여기에서 오온이 무엇인지를 알게 되면
따로 좋은 몸 있지 않고, 오온이 내가 아닌 몸이 최고의 몸이 되니
태어남 다시 이루어질 수 없어지네.

63.

이룸이 있으면 성냄이 일어납니다

이룸이 없어야 완전한 이룸 나타나지만
모양으로 이룸 짓는 일은, 모래성처럼 파도 한 번에 무너진다네.
굳건하다는 생각 각자의 자유이지만 생각과 사실은 차이가 있으니
불필요한 의미 부여로 상상의 탑 쌓지 말게나.

가는 길 앞에 장벽이 있다면 파괴하고 앞으로 나가려 하겠지만
그 파괴, 나의 이룸인 것 어떻게 알 수 있겠는가!
자신이 세우고 자신이 부수고 있으니
쉽게 할 수 있는 공부 쉽게 못 하는 것은
내가 이루려고 하여 이루어지지 못하는 일이지
뭇 삶에 모양 없는 하나의 이룸 참으로 쉬운 일이네.

이룬다는 것 개체의 생각에서 나와, 생각으로 사라지는 일이니
나타나 보여지는 것 어디에 머무른들 이루어진 것 있으랴.
믿음이 바로 이룸이라 알면 특별한 움직임 없이 모든 것 이루게 되고
이룸에 성냄 없이 이루어지는 이치를 알게 되면
따로 이루었다고 말할 필요 없으니 본래 자리에 그대로 있네.

64.
죽음이 있으면 어리석음이 일어납니다

모든 매듭 하나로 이루어져 하나가 풀리면 맺힐 것 없건만
하나가 엉키면 모든 매듭 꼬이고 꼬여 자르지 않고는 풀 수 없네.

닭이 먼저냐? 계란이 먼저냐?
의문이 들었다면 그 의문 자체에서 바로 알아야지
의문에 빠지면 핵심을 빗나간 것이니, 다시 돌아와 의문에 가만히 있어야 하네.

뭇 삶은 의문이 생기면 답을 이리저리 찾으려 하지만
수행은 의문에서 움직이면 모든 일 수포로 돌아가네.
낮이고 밤이고 의문에서 또렷하여 움직임 없이 기다리면
그놈이 슬금슬금 머리를 내미니 그때를 기다렸다 바로 낚아채야 한다네.

죽음과 어리석음, 무엇을 보고 말하는 것인가.
보이는 무엇을 보고 말한다면 그것이 어리석은 짓이니
밀밀하여 움직임 적어지고 정신이 분명하면
오온은 죽음도 없고 어리석음도 없는 허상임이 드러나네.

이름 붙일 수 없는 것에 이름 붙였던 혼란을 지나
이름 없음을 알고 나니 어리석음이라는 말 정겨이 들리네.
세상 일어나는 일에 어리석게 지내면 악마는 안절부절 못하겠지만
나는 발 뻗고 편안하게 쉬면서 잠을 자니 누구를 부러워하겠는가.

65.

다르다는 마음 사라지니 너와 나 본래 없음이 전해집니다

본래 항상 그 였건만 가면이 그를 가려 그를 알지 못했구나.
가면 사라져 그와 마주 보니 나와 다름 찾을 곳 없고
그를 알고 나니 잘했다·잘못했다 할 수 있는 것 무엇도 없었네.
오랫동안 오해하고, 실망하고, 좋아하고, 슬퍼하였던 것 꿈이었으니
울음이 터져 콧물 범벅, 웃음이 터져 실없이 박장대소
이제야 우는 놈도 웃는 놈도 내가 아님 통렬히 알아지네.
지금까지 만들었던 모든 모양의 인연 홀연히 사라지니
그 인연으로 묶여 있는 뭇 삶의 인연들 저절로 해탈 이루어지네.

할 일이 없어 한가로이 산속에서 노닐며
묻고 보이는 인연 나타나면 '몸과 마음 네가 아니다' 일러주지만
듣는지 안 듣는지 매일 매일 같은 질문 수없이 되풀이 하네.
그래도 한마음 낸 그 기특함에 감복하여 어찌 허허 안 웃을 수 있겠는가.
겉껍질 맛은 어려워도 그 속맛 아는 것은 쉽듯
부처님 가르침 어려워 보여도 그 핵심을 알고 나면 쉬운 일이네.

사람들 과일 모양을 보고 이름 맞추기 참으로 잘하는데
그 맛을 물으면 참답게 말하는 이 만나기 어려워라.
외우고 이해하고 받아들이는 지견으로 모양이야 알겠지만
맛은 모든 것을 내어주어야 겨우 조금 맛볼 뿐, 안다고 할 수 없으니
용기를 내는 이 드물고, 그 용기로 완전히 뛰어넘는 자는 더욱더 없네.

몸으로 왔지만 몸이 아님을 아니
몸으로 사는 것 같지만 몸으로 사는 것 아님을 알고
소리 듣고 말하는 것 같지만 소리 듣고 말하는 것 아님을 아네.
어디에 있는 것 같지만 어디에 있는 것 아니니
같다·다르다 같은 것을 두고 하는 말,
다른 마음 어디에 붙겠는가.

소를 타고 집에 돌아가다

청정하여 물들지 않는 것이 계향입니다

자성은 경계에 움직임 없는 것이 정향입니다

구분하되 물듦 없는 자재함이 혜향입니다

너와 나 없는 두루함이 해탈향입니다

오고 감 없는 일체함이 해탈지견향입니다

분별하는 마음 두고 여여히 보냅니다

66.
청정하여 물들지 않는 것이 계향입니다

올 때는 진흙탕물에 빠져 오온이 지저분한 줄 알고
오온으로 지킬 수 있는 가르침 따라 물 흐르듯 흘러갔네.
어느덧 지켜야 할 것 지켜지니 과거의 번민 벗어지고
고요에 머물러 흐름 따라 알아차림 되니
모양으로 나왔지만 그 속에 물들었다 할 것 없네.

지켜야 하는 가르침 지키게 하려는 것은 아니지만
흙탕물을 계속 휘저으면 맑은 물이 무엇인지를 모르네.
불필요한 행동 사라지게 하여 오온에 대한 알아차림 되고 나면
자신의 맑은 물 오온으로 물들 수 없음을 아니
저나 나나 편안하여 방해하지 않고, 돌아오는 길에 휘파람 소리 들리네.

돌아와 청수 올리고 향을 피워 가만히 앉아 돌아온 길을 보니
예전부터 지키는 것 무엇인지 몰랐을 뿐 지키지 않은 것 아니었구나.
청정함이란 언어 무엇인지 얻고 니니
지키는 향 몸속에 가득 차 둘 다 처음부터 청정하였네.

67.

자성은 경계에 움직임 없는 것이 정향입니다

의식 속의 시비심 사라지고 눈으로 보았던 경계 초점 잃어지면
움직임 없는 향으로 가득한 본래의 자리 그대로 드러나네.
모든 것 움직이고 중심 잡지 못하지만, 자성은 처음 그대로
언제나 보여주고 들려주면서 그 자리로 돌아오기를 기다렸네.

빠르게 움직이면서 살아가는 삶 속에서는 무엇도 가질 수 없는데
누구나 그렇게 움직이며 마음의 만족 구하지만
움직일 수밖에 없는 물질은 그 마음 채워줄 수 없네.
어디에서 움직임 없고 항상 그대로 있는 물질을 찾을 수 있겠는가.
아무리 물질을 다르게 만들고 마음에 맞게 하려 해도
잠시 잠깐 마음의 안도 위한 착시의 장난일 뿐,
마음이 본래의 성품을 바르게 보고자 하는 마음 아니네.

마음은 자신이 진정으로 원하는 것 모르니
움직임 없는 그 자리에서 마음을 진정시킬 수만 있다면
마음은 더 이상 밖으로 향하고자 하는 마음 잊을 것이네.
둘 다 한 마음이 되고 나면, 경계라고 할 것 없는 경계 속에서
낮이라 할 것도 없고 밤이라 할 것도 없이 서로를 의지하여
하루 종일 움직임을 하고 있지만, 그것을 움직임이라 하지 않고
하루 종일 움직임 없지만 움직임 없는 것이라 하지 않으니
경계 속에 있지만, 그것을 경계라 하지 않는 정향 가득하네.

68.
구분하되 물듦 없는 자재함이 혜향입니다

나 자신이라는 것 사라지니 나를 위하는 것 또한 없구나.
이것이라 말하는 것도 없고 저것이라 말하는 것도 없겠지만
말을 하게 되면 이것이라 말하고 저것이라 들리는 것은
마음을 보게 하기 위함이지 이것저것을 가리키는 것 아니네.

세상에 나올 때 몸으로 나와 마음의 작용으로 꿈속에 그림을 그리고
한평생 그리는 그림 끝날 때쯤 어디서 붓을 놓아야 할지 머뭇거리다
다시 한 생각 일으켜 물들 수 없는 허공, 물감으로 얼룩지게 해버리니
꿈속에 일 끝없이 계속되는 것은 가지고 있는 붓 때문이네.

자재함을 얻기 위해 물질 다양하게 구하고 모아보지만
뭇 삶이 원하는 자재함, 물질로서 구현시킬 수 없음을 모르네.
이 몸도 가지고 나와 살아보고 저 몸도 가지고 나와 살아보고
딱히 이것이라 못하고 살얼음 걷듯 조심히 디뎌보지만
맨날 빠져 허우적거리며 다음이라 말하고, 다시 다음이 되면
모든 것 잊어버리고 물질을 쫓아 진리의 소리 멀리 해버리네.

우연히 멈춤의 향에 코가 닿고 보니 상영되는 꿈속의 그림들
아차! 하는 마음 생기니 무엇이 가장 바쁜 일인지 떠오르네.
그 귀한 마음 잊어버리지 않으려고 듣고 보는 것에 마음 두지 않으니
어느새 지혜의 향 살며시 다가와 서로 눈 맞추면 눈웃음치네.

69.

너와 나 없는 두루함이 해탈향입니다

너라는 것 오온이고 나라는 것 성품이지만 둘 다 따로 있을 수 없고
너라는 것 있어 성품을 온전히 아는 것이니 네가 바로 성품이네.
네가 바로 성품이지만 나 없는 성품은 될 수 없기에
어느 하나 뺄 수 없어 둘이면서 둘이라 하지 않는 것이네.

나라와 나라가 선을 그어 둘의 경계를 두는 것 같지만
선은 긋고자 하는 사람들의 의식 속의 선일 뿐
땅은 선을 그어 이 땅과 저 땅을 다르게 만드는 일 없으니
의식으로 나와 너를 구분해본들 실제로 구분되는 것 없네.

누구나 가는 길, 결국은 같은 곳을 향하고 있지만
인연 따라 올라가는 길이 달라 다른 것을 추구하는 것처럼 여기네.
그곳에 올라와 보면 누구나 이곳을 향해 올라오고 있는 것 보이니
가는 길이 다르지만 다르다고 못 하고, 온 곳은 같지만 같다고 못 하네.

그곳에서 만나 서로가 인사할 때 되고 나면
지금까지 다른 견해인 줄 알고 다투었던 모든 일이
서로에게 먼저 해탈하라고 향을 사르는 일이었으니
처음부터 두루함으로 서로에게 해탈향을 피웠네.

70.
오고 감 없는 일체함이 해탈지견향입니다

수많은 모양으로 재생했다지만 무엇으로 왔다고 할 수 있는가?
다른 사람보다 빠르고 좋고 뛰어나기를 바라면서 와도
바닷물 출렁일 때 일어나는 물거품 같은 것
마음이 현상에 모양을 만들지 않으면 돌아감 없이 하나 되네.

모든 인식 찰나에 일어나고 사라져 연속성이 없는데
나라는 생각 계속 이어지니 한평생이 찰나인 줄 모르네.
나를 찾아 헤매고 있다지만 그 나라는 것 떨어진 적 없었으니
찾지만 않으면 그대로 일체함 드러나 찾는 수고로움 없네.

움직임 자체가 잘못되어진 것이 아님을 알면
움직임 속에 멈춤 있으니 움직이는 것으로 멈추려 하지 말게.
오고 가는 것에 마음을 두면 언제나 불안하여 고요함 잃어버리지만
고요함 속에 일어나는 모든 것 고요함을 떠나 일어난 적 없으니
일어난 인연이 끝나면 일어난 모든 것 다시 원자리로 돌아오네.

71.

분별하는 마음 두고 여여히 보냅니다

모양과 소리에 의존하여 헤아릴 수 없는 만큼
둘 아닌 둘로 지내다가 다시 돌아와 그와 마주하나
서로가 어색하여 먼 산을 바라보네.

하는 일 없는 일은 나의 일이지만 몸의 인연 이렇게 있으니
분별 아닌 분별을 하지 않을 수 없어 그와 조심스럽게 움직이네.
밖의 인연이 다양하여 이랬다가 저랬다가 변덕 부리니
이상하게 보이고 당황스럽게 생각되는 것은 막을 수 없네.
분별이 있어 분별하는 것이 아니라 상응하여 일어나는 작용이니
그때 그 마음 돌이켜 봐야 할 것을 보게 되면 분별이라 말하지 못하네.

분별 속에는 여여함이 있지만 여여함 속에는 분별이 없으니
다른 눈으로 여여함을 분별하지 말고 분별 속에서 여여함을 봐야 하네.
여여함이란 여여함이라는 것이 생길 수 없어 여여함이라 이름 붙였지
분별이 변하여 여여함이 되는 것이 아니니 오해하지 말게.
그 속에 남아있는 마음 없으니 적재적소에 쓰이는 것이 희유하네.
눈으로 보는 것도 없고 귀로 듣는 것 없기에 입으로 나오는 소리는
아무리 작아도 아무리 크더라도 꺼내어보면 자로 잰 듯 일치하는구나.

이제 쉬는 것은 내가 아니고 긴 여정에서 돌아온 나그네이니
그를 쉬게 하는 것은 내가 그가 한 일을 모두 잊어주는 것이네.
여여함 속에 들어와 모든 것 잊고 분별없는 쉼을 누리니
다시 어디에서 소리 나고 모양 일어나겠는가.

소를 잊고 사람만 남다

삼계에 경계가 없습니다
사대에 내가 없습니다
오온에 실체가 없습니다
육근에 뿌리가 없습니다
육경에 모양이 없습니다
육식에 바탕이 없습니다
뒤돌아보니 찾았다는 마음 흔적도 없었습니다

72.
삼계에 경계가 없습니다

성품은 보고 아는 것 아니니 같거나 다른 세계에 차별이 없고
다른 세계가 나타남은 오온이 가지고 있는 손익분기점일 뿐이네.
이익과 손실 없이 서로의 마음 같기를 바라지만
그 속에 지어 놓은 높고 낮음의 차이가 같은 마음 될 수 없네.

오온이 걸어온 길에 만들어 놓은 착한 일·나쁜 일 분별없으면
대상이라는 것, 분명히 이곳이 그곳이어야 한다는 고집이 없어지네.
서로가 놓았다·가졌다 말하지 않고 필요해서 바르게 쓰이니
마음의 경계 사라져 서로 두려워했던 생각 잊히네.

욕계, 색계, 무색계 계단을 두어 차차 올라가게 하는 것은
아직, 가졌다는 마음 참으로 괴로움인 줄 몰라 잠시 쓰는 방편이네.
그러한 방편이 있어 말하는 것 아니니
방편에 물들어, 제거하려는 마음을 내어서는 안 되네.

경계 속에서 성품을 찾지 않으니
경계 없는 줄 아는 마음 바로 성품이고
성품 외에 나타남 없으니 앎이 그 스스로가 되네.

73.

사대에 내가 없습니다

모여서 굳어지니 모양이 생기고,

모양이 불리어 너라 이름 받네.

나라고 인지하여 그것이 가진 설명서 대로 살다 보니

뜻과 달리 때때로 주변과 조화롭지 못할 때도 의심 없이 지냈다네.

나라는 단정이 무색하게, 나에 대해 말하려면 어리둥절하기만 하고

묵혀 놓은 설명서 자세히 보니 내 것이라 해놓고 처음 보는 설명서였네.

나라는 것 두드리고 펴고 담금질해 만들어보려 했지만

나라는 것 만들어지는 것 아니니 구석구석 살펴보아도 가까운 제 눈썹을 못 보네.

나라고 할 수도 없고 내가 아니라 할 수 없음에 이르고 보니

세모는 세모이고, 동그라미는 동그라미이고, 네모는 네모였네.

가만히 보고 있는 그는 무엇을 하라는 것도 없고 하지 말라는 것도 없이

자신의 이름을 바르게 불러 주기를 바라며 묵묵히 기다리기만 하네.

드러남이라는 것 드러났는데 드러났다 하지 못하게 되어있고

들렸다는 것 들렸는데 들었다고 하지 못하게 되어있으며

보았다는 것 보았는데 보았다고 하지 못하게 되어있으니

사대에 내가 없음을 알게 되면 그도 이러니 나도 이런 줄 알게 되네.

74.
오온에 실체가 없습니다

새장 밖의 자유로움 알지 못하고 먹이에 길들어져 하루하루 보낸다면
긴 세월 탈 없이 보낸 것 같지만 자신에 대해 한 일은 하나도 없네.
생로병사 겪지만 두려움과 모른다는 진리, 항상 그 자리에 있으니
여기에 머물러 태어났다는 마음 내던져진다면 늙음, 병듦, 죽음 있을 곳 없네.

남들보다 우월한 마음으로 다른 이들이 얻지 못하는 것을 얻고자 일으키고
세상에 노력하면 안 되는 일 없다고 생각하여 성취하려는 마음 내고
이치를 알아내는 마음 특출하여 세상일 너무 쉬워 술술 풀린다 생각하면
목에 밧줄이 묶여 움직이지 못하고 짖는 개꼴인데도 그곳을 자기 집인 줄 아네.

묶여 있으면 좋은 것이든 나쁜 것이든 입에 들어오고 눈에 들어오니
자기 마음대로 하는 것 같아 그것을 자유로움이라 착각하고 살아가네.
움직임 없이 하루하루 근근이 살아가는 즐거움을 알려 주고 싶지만
그들 눈에 구속 같이 답답하고 슬픈 것 같아 권할 수가 없구나.

살아 있는데 살아 있는 줄 모르고 죽어서 살아가는 것이 있고
살아 있는데 살아 있는 줄 알고 살아서 살아가는 것이 있네.
둘 다 세상 속에 있으니 무엇이 다름이 있겠는가.
다만 다른 것이 있다면 하나는 모양이 있고 하나는 모양이 없네.

75.

육근에 뿌리가 없습니다

안·이·비·설·신·의 한 번도 같은 모양으로 태어난 적 없는데
지금 여기에 내 터전이 있다고 믿고 뿌리내려 보려 애쓰네.
백 년을 살면서 이것이구나 하는 것 없이 조금씩 다르게 나타나니
매번 어린 나무 옮겨 심으며 잘 자라 큰 나무가 되기를 바라네.

여섯 가지 하나 되고자 하지만 그 중심이 없어 매번 실패하고
일심이라는 말 잘못 이해하여 모든 것 사라지게 하였으나
시끄러운 곳으로 나오니 그 일심 어디에 두었는지 알 수 없고
혼란스러운 마음 어디부터 바로잡아야 할지 갈피를 잡지 못하네.

하나하나 뿌리를 찾아 나서 보니 서로 서로가 덩굴처럼 엉켜 있는데
자기 일을 하느라 엉킴을 무시하고 자기 하나만을 풀어보려 하네.
멀어지고 보니 하나하나 모두 푼다는 것 나를 속이는 속임수이니
엉켜 있는 것만 있었지, 뿌리내릴 수 있는 땅은 어디에도 없었네.

엉켜 있는 덩굴 그대로 두고 나를 잊지 않으니
태평소가 온 천지에 울려 퍼지나 듣는 이가 많지 않네.
듣는 이 나타나면 태평소 마음껏 불어 아름다운 소리 내겠지만
듣는 이 없으면 태평소를 꺼내지 않는 것이 기특한 방편이네.

76.
육경에 모양이 없습니다

나타나고 들려지고 맡아지고 음미되고 느껴지니 육경의 실체 바로 드러나네.
육근의 분별심에 마음 빼앗기면 나타난 그것 알지 못하고 찰나에 사라지네.
드러나는 것 있어 드러난다고 함 아니건만 분별심 일어나는 순간의 틈 속에
거짓과 사실이 뒤바뀌어지고 나와 나아님이 뒤바뀌어지고 나타남과 사라짐
뒤바뀌네.

아상, 인상, 중생상, 수자상으로 각각의 모양 만들어 그 모양이라 이름하지만
육경은 그러한 모양 되어 본적 없이 이름 불리는 대로 부르는 이를 바라보네.
이름 부르는 이 사라지면 다시 그 모양 없는 본 모습 드러내어 보여주지만
눈으로 본다는 생각 버리지 못하면 아무리 눈을 비벼도 그 본 모습 보지 못하네.

보려는 마음 들으려는 마음 가만히 지켜보면 바르게 알려는 마음 아니고
오온을 나라고 생각하는 마음 놓지 못해 경계와 대치하면서 싸우는 마음이네.
경계에 정해진 모양으로 보려는 마음 던져버리고 불리는 모양으로 듣게 되면
따로 보려는 모양 없으니 마음 안에 만들어시는 모양 생기지 않아 홀가분해지네.

모양이라는 곳에 갇혀 있는 것 같이 보이지만 모양이 모양 아님을 아니
불리는 이름에 대답은 하겠지만 그 대답하는 이를 그라고 알면 안 되네.

77.

육식에 바탕이 없습니다

공간은 무차원이나 바탕 위에 서 있는 오온 있으니 다양한 차원으로 설명하지만
다양함 본래로 실체 없는 것인데 가지고 세워 본들 무슨 소용 있으랴.
누구 하나 벌거벗었다고 말을 안 하니 옷을 입지 않은 줄 어찌 알 수 있겠는가.
나중에 우연히 벌거벗은 줄 알게 되면 난감함 뼈저리게 와닿으리라.

기류에 의해 뜬금없이 나타났다 사라지는 실체 없는 구름
길을 안내하듯 움직이지만, 그 구름 아무것도 아는 것 없네.
의식의 뜬구름 오랫동안 나를 안내한 것 같지만 생로병사 해결한 적 없었네.

놓여있음 없이 놓여있는 것이 본래의 온전한 바탕이고 실체이지만
만들고 채워서 온전한 바탕을 이루려고 하는 마음 그림자일 뿐이네.
휘몰아치는 모든 의식에 바탕없음 알게 되면 그림자 저절로 사라지지만
조금이라도 나라는 마음으로 따라가면 절벽에 떨어지네.
알아야 하는 것도 없고 알 수 있는 것도 없으니
눈·귀 없는 몸의 인연 따라 일어나고 인연 따라 사라지네.
보았다고 하지 말고 들었다고 하지 말고 알았다고도 하지 말라.
홀연히 홀로 나타남 없이 본래 그대로 그것인 그 바탕일 뿐이라네.

78.

뒤돌아보니 찾았다는 마음 흔적도 없었습니다

나타남도 나타남이 아니었고 사라짐도 사라짐이 아닌데
나타남이 생겨나니 대상이 찰나에 일어나네.
각자가 만든 각자만의 세상, 사실같이 인식되니
한 생각 꿈에 나타난 의식의 망념이라는 것 어찌 알겠는가!

잘함도 잘함이 아니었고 못함도 못함이 아니었는데
서로를 자극하여 시비심으로 우열을 따지고 있었네.
긴긴 세월 삶과 수행 되뇌며 걸어온 나날들이지만
어느 곳에도 웃고 울었던 흔적 남아 있지 않네.

충족되는 마음이라는 것 누가 가질 수 있는 물건 아니고
아지랑이같이 뿌리도 없고 실체도 없는 눈병이네.
붙잡아 보려 하는 자, 알지 못하고 따라만 다니는 것
누구나 겪는 어쩔 수 없는 당연한 일이라네.
지치고 허탈하여 주저앉을 때까지 손 내밀지 못하는 것은
아직 그 찾는 자를 자기 자신이라고 알고 있는 마음 때문이네.
그가 찾는 마음 버리면 그를 살리고 그가 아닌 것을 버리게 하니
발 없이 우뚝 서는 법을 알고, 몸 없이 움직이는 법을 아네.
흔적으로 흔적 없음을 이야기하고 법으로 법 없음을 이야기할 줄 아니
그에게 법이라는 것도 없어지고 법이 아니라는 것도 사라져버리네.

자신을 모양으로 만들지 않고 모양이 아닌 것으로도 만듦이 없으니
오온이 모양으로 말하든 모양이 아닌 것으로 말하든 끌려다니는 일 없네.
부처님 끝없는 은혜 갚을 수 없겠지만, 부처님 어디에 계신 줄 아니
갚을 수 없는 것이 온전히 갚는 일,
이러한 법 어디에 있을 수 있으랴.

사람도 소도 잊다

선정이 욕망을 멀어지게 합니다
멀어지게 하는 힘이 집중하게 합니다
집중하게 하는 힘이 냉철하게 합니다
냉철하게 하는 힘이 청정하게 합니다
청정하게 하는 힘이 공간을 무한하게 합니다
공간이 무한하므로 마음 작용이 무용합니다
마음 작용이 무용하므로 머물 곳이 없어집니다
머물 곳이 없어지므로 처음이 해소됩니다

처음이 해소되므로 끝이 소멸됩니다
연기를 보는 자는 진리를 보고 진리를 보는 자는
여래를 봅니다

79.

선정이 욕망을 멀어지게 합니다

집이 알아지니 긴 여정에서 지친 몸과 마음 위로되고
그들이 짊어진 무거운 심의식의 인연 떠나 쉬게 하네.
받을 것도 없고 줄 것도 없이 고요히 앉아 아상을 잊어버리니
아침 점심 저녁 없이 그들의 시간에 있는 그대로 보여주네.

세상과 조금 떨어져 있는 것은 세상을 떠나려고 함이 아니라
그들과의 소통이 물질과 세상이 아님을 말해 주기 위해서 라네.
시비하는 것은 버리고 시비하지 않고 바르게 알아야 하는 것만 나누니
욕망이 차지할 자리 없는 바른 대화가 바로 선정이네.

대화에서 선정이 무엇인지를 알게 되면 나와 너 없는 선정이 되고
나와 너 없는 선정이 되고 나면 몸과 마음 내가 아닌 선정이 되고
몸과 마음 내가 아닌 선정이 되고 나면 선정 없는 선정이 되고
선정 없는 선정이 되고 나면 돌아올 수 없는 선정이 되네.

가진 것도 없고 버린 것도 없지만 주변에서 어슬렁거리는 물질들
너다, 너의 것이다, 너의 자아다, 외치지만 무심함이 밀밀하여
밥 먹는 일, 잠자는 일 이외에는 그와 의논하는 일 없으니
들어와도 너의 덕이고 들어오지 않아도 너의 덕이라 말하네.

80.
멀어지게 하는 힘이 집중하게 합니다

스스로가 무엇인지를 알고 나면 스스로를 떠날 수 없으니
다른 것에 대한 탐구는 모두 사라지고 집중 없는 집중이 일어나네.
멀어지는 것, 몸과 마음에 있는 어떤 상태가 아니며
본래 있는 그대로 있게 함이 멀어지게 하는 것이라네.

침묵 속에 모든 것 말하여 지고 들어올 수 없으므로 그것이 지켜지니
말하고 움직이는 것 어디에도 그것을 말하지 못함을 알아야 하네.
내가 될 수 없는 것을 내가 될 수 없다고 말하니
일어나는 충돌 속에 시비심 일으키는 자, 즉시 낚아채기만 하면 되는 일이네.

과실이 익으면 단내를 풍겨 곤충과 새를 부르듯이
스스로에 대한 앎이 익어지면 입으로 사실만을 말하게 되네.
따로 집중할 것도 없이 모든 것 사라지면 법향이 생기나니
세상사 어디에 집중할 것이 있고 멀어지게 하는 것 있겠는가.

세상과 소통하는 일이 그들과 너무 달라 동문서답이겠지만
한 방울의 물 한자리에 끊임없이 떨어지니 돌이 움푹 파이네.
그들이 원하는 것 방편으로 말하지 않음은 소홀함이 아니니
한곳에 집중하는 오롯함 그들을 위함이네.

81.
집중하게 하는 힘이 냉철하게 합니다

무수한 방편 속의 삶, 진리에는 들어갈 수 없는 이물질이네.
잠시의 단맛 때문에 이가 썩어 가는 줄 모르고 탐닉하여 맛있다고 하네.
무지개를 쫓아 아무리 달려도 손에 닿지 않으니
몸의 고통이 고통인 줄 알고 몸의 고통 벗어나려 다시 몸의 고통을 겪네.

구함 없고 얻음 없고 고정할 수 없는 것에 집중하는 힘이 생기면
오온에 대한 냉철함 생겨나 몸에 일어나는 고통은 고통이 아님을 알고
가질 수 없는 것을 가지려고 하는 마음이 가장 큰 고통임을 알게 되네.

모든 것 가지려는 한 생각이, 없는 고통 겪게 되는 출발이었으니
한 생각 버려져, 내가 아닌 것의 구속에서 벗어나 온전한 '나'로 집중되네.
자석이 자성을 잃어 쇳가루를 잡아당기지 못하게 되는 것처럼
당기지 않는 힘을 얻은 것이 아니라 자성을 잃어버리는 냉철함 얻으니
사물이 있든 없든 관계없이 사심을 잃어버려 사물이 길을 잃어버리네.

스스로는 표현할 수 없는 것을 알게 되니 표현하는 어느 것에도 진실 없고
꾸며지고 움직이고 살아있는 것 같이 보이나 알맹이 없는 관념들뿐이네.
세상이 스스로를 냉철하게 버려주니 스스로 버려짐 없이 냉철하여
어떤 것에도 마음 닿는 곳 없이 스스로와 춤을 추며 여여히 지내네.

82.

냉철하게 하는 힘이 청정하게 합니다

성품은 사물이 아니니 닦을 수도 없고 씻을 수도 없이 청정한데
찾고자 하는 마음이 청정함을 청정하게 하지 못하게 하네.
입으로 청정함 말하나 그 청정함을 몰라 성품을 버리고
그림자를 자신으로 여겨 다듬고 닦는 일 세세생생 하여 본들 남는 것은 빈
껍데기뿐이네.

알맹이, 처음부터 볼 수 있는 것 아니니 뚫어지게 보아도 보이지 않네.
분리되어 있지 않은 것을 분리하여 보려고 하는 자를 의심하면
첫걸음이 떼어지고 고요하게 본다는 것 깊이 들어오니
구속할 수도 없고 구속당하지도 않은 것이 스스로라 자각되네.

깨어보니 상상하고 왜곡하며 사실이 아닌 것을 의존하여
끊임없는 시도에도 돌아보아야 한다는 말 이해하지 못하였네.
뒤돌아본다는 말 자세히 보면 처음도 모르고 끝도 모르고 걷는 이것,
먹고 싶은 풀이 있으면 여기저기 다니면서 풀 만을 뜯어먹고 있었네.

풀 뜯는 자를 나라고 하며 수행한 일 우습지만
이러한 일 없으면 돌아볼 수 있는 일 어디서 찾아내겠는가.
오온이 텅 비어 냉철하니, 그대로가 청정이고
나를 나라 부르고 내가 아닌 것을 내가 아니라 말할 수 있네.

83.

청정하게 하는 힘이 공간을 무한하게 합니다

한가로이 있으니 찾아와 머리에 짐을 내려 달라 하는구나.
내려주고 싶어도 내려줄 물건이 없는데 무겁다는 말만 되풀이하네.
무게감을 느끼는 이들에게 감내해야 할 한 물건 없다 해도
가지고 있다는 생각을 버리지 않으니 그 말을 듣지 못하네.
왜 벗어나려 하는가? 묻는 이에게 물어보면
찾아야 할 것만 집중하고 찾는 자에 대한 집중 없어
나 아닌 것만 말하고 온바 없는 나를 궁구하지 못하는구나.
무엇이 먼저이고 무엇이 나중인지 구분 못 하고 찾아 나서니
무엇을 찾고, 이루라 시키는 자를 멀리하여야
힘을 다 빼고 편안하게 그 찾는 자에 대해 온전히 집중할 수 있네.

수행은 간단하고 명료하여 달리하여야 할 것 없으니
들어오고 나가는 구멍만 잘 지키고 있으면 힘들이지 않고 끝나네.
무엇을 긍정하고 무엇을 부정하고 무엇이 넘치고 무엇이 부족하고
어떻게든 한 물건을 세우려고 하는 자의 그 실체가 없음을 간파해버리네.

84.
공간이 무한하므로 마음 작용이 무용합니다

한 물건도 세울 수 없음을 아니 몸과 마음이 처음으로 휴식하고
달리 일어나고 사라짐 없으니 눈과 귀가 있는지조차 잊어버리네.
수만 가지 이름이 있지만, 어디에도 그것이라 할 수 있는 이름 없으니
불러 보아도 돌아볼 머리 없고 멈추어야 하는 다리가 없구나.

알 수 없는 일 알려고 하지 않으니 공간에 방해함이 생기지 않고
서로가 서로에게 말랑말랑하여 마음을 일으킬 필요 없네.
좁디좁은 공간도 마음 작용 없으면 넓디넓어 포용 못 하는 것 없고
서로서로 알아버리니 마음 통하여 따로 사용할 필요 없구나.

이렇게 한마음으로 인연 되는 일 무엇과도 바꿀 수 없으며
한 지붕 아래에 한 말씀을 듣고 있으니 참으로 귀하다 할 수 있네.
다 같이 한 길을 똑바로 가고 있으니 서로 웃음이 떠나지 않으며
부처님 오신다면 참으로 떠난 이들이라 칭찬하실 것이네.

모든 작용 무용함을 알았으니 어디에 마음 있겠으며
인연 따라 있고 인연 따라갈 뿐이지 공간을 차지하는 일 없네.
자신을 무한하게 할 필요 없고 유한하게 할 필요도 없어졌으니
누가 나를 안다 하고 누가 나를 보았다 할 수 있겠는가.

85.
마음 작용이 무용하므로 머물 곳이 없어집니다

내가 있는 곳도 모르고 내가 없는 곳도 모르는 이것이 내가 되니
드러낼 수도 없고 숨길 수도 없지만, 몸이 내가 아님만을 말하네.
보이는 그대로 내가 아니라 말하고, 보이지 않는 그대로 나다 말하지만
내가 말하고 내가 웃어버리니 다시 누구와 논의할 수 있단 말인가.

보이는 것 데리고 이곳저곳 다니지만 누가 이것을 무덤이라 알겠는가.
무덤 보면 죽어 있는 자를 깨우고 싶지만, 그놈이 뚜껑을 열어 주지 않네.
아무리 불러도 엉뚱한 놈만 대답하고 무덤 안까지 소리가 가지 못해
애꿎은 목만 탓하고 뒤돌아서서 그 무덤 바라보며 속지 말라 일러주네.

소리 없는 소리 소통하고자 이 말, 저 말 지껄이면서 두루 살펴보지만
보이는 모습으로 항상 한계 아닌 한계에 부딪혀 끝나지 못하네.
원점을 뱅글뱅글 돌면서 그놈과 사투를 벌이고 있지만
알아야 할 것은 다 일러주었으니 나머지는 그가 소화해야 하네.

머무를 수 없는 곳에 잠시 머물러 서로의 인연을 바라보고 있으면
나도 생멸 없었고 그도 생멸 없으니 생멸 없음 찾을 필요 없고
나도 머물러 본 적 없고 그도 머물러 본 적 없으니 흔적 찾을 필요 없고
내가 그이고 그가 나이니 그와 나 같지도 다르지도 않네.

86.
머물 곳이 없어지므로 처음이 해소됩니다

밝고 뚜렷하게 비치지 않는 곳 없으니 일어났다 할 수 없지만
그것은 그것대로 역동적으로 일으키고 역동적으로 사라지네.
좋고 나쁨으로만 보지 않으면 별똥별을 보듯 경이롭게 볼 수 있지만
나라는 한정적인 곳으로 돌아오면 고통과 번민이 되어버리네.

희로애락 어느 곳을 향해 오는 것 아니니, 나라는 생각 놓아 버리면
출발과 도착 없이 조건의 형성으로 나타나 사라지는 것이네.
시작하면 끝이 난다 생각하겠지만 시작이 있는 한 끝이 없고
끝이 없으므로 다시 시작해야 하니 끝날 날이 요원할 뿐이네.

어디에도 물듦이 없는 줄 알아야 다시 머물 곳을 찾지 않고
찾는 마음 사라지면 시작하는 마음 어디에도 붙을 수 없네.
한계를 가지고 있지만, 그것 또한 한계 없는 일의 일부분이니
부분이 움직였다고 전체로 잘못 알아 움직여서는 안 되네.

처음이 끝인 줄 알면 한 번도 경험하지 못한 상태가 되니
흐름이 끊어져 더 이상 그것을 의식할 수 없는 무중력이네.
처음으로 아무것에도 구속 없는 본연의 모습으로 있게 되지만
그것을 그것이라 할 말없고 그것을 그것이라 하는 상태 없네.

87.

처음이 해소되므로 끝이 소멸됩니다

한번 크게 웃고 나니 모든 것 언제나 그것을 벗어남 없었네.
나의 모습도 그것이었고 너의 모습도 바로 그것이었구나.
다른 모양, 다른 상황, 다른 위치, 웃음 나는 좋은 조건들 처처에 널려있건만
욕망에 눈을 빼앗기면 나쁜 조건 되어버리네.

처음부터 똑같은 모양의 그것, 나타날 때는 다르게 나타나
다르다는 것 그 속을 보면 다름없지만, 겉에 마음 두니 안을 모르네.
안을 가만히 보고 있으면 넓고 크고 평평하고 평화롭기가 끝이 없지만
밖이 파도처럼 언제나 출렁거리니 그것을 자신의 움직임으로 착각하네.

태어나면서 모든 것 일시에 사라지고 해소되지만
아직 자신의 앎이 되기 전에 엉뚱한 소리에 귀를 기울이네.
죽어 있으면서 계속 태어날 수 있는 소리 찾아다녀야 하는데
죽음이 무엇인지를 몰라 살아있다는 죽음으로 살아가 버리네.

돌아왔다는 것, 출발함이 없어 돌아옴인데
모양의 태어남 있으니 어찌 다른 이들이 돌아왔다는 뜻을 있는 그대로
수용하겠는가.
지금이 바로 돌아온 때라 말하지만 함이 없는 이 말을 듣지 않네.

88.

연기를 보는 자는 진리를 보고 진리를 보는 자는 여래를 봅니다

돌고 있는 것은 법계의 자연스러운 일,
그 속에 실체가 없으나 무명의 그림자 드리우면
돌고 있는 것을 나라고 이름 붙여 버리네.
이름 붙여지면 다양한 형태가 만들어지고 다양한 세상 나타나며
서로가 서로의 세상이 좋고 옳다고 주장하여 다투어 버리네.

상처받고 상처 주는 상호작용 속에 실체 없는 진리 보여주고 있지만
억울함을 바르게 보지 못해 다른 모양으로 나타나 억울함을 해소하네.
모양으로 해소하는 억울함 해소함 없이 억울함으로 쌓여가는 것이니
모양으로 해소할 수 없음을 알아야 완전히 해소되는 길에 도착하네.

개, 고양이, 소, 돼지, 닭에도 부처가 있지만, 부처를 보지 못하고
모양의 부처 만들어 그것이 부처라고 이름 붙이니 언제 보겠는가.
모양으로 만들지만 않으면 부처 보는 일 쉽지만
누구에게나 있는 부처, 사람에게만 부처 있는 줄 알고,
사람 모양으로만 부처 보려고 하면
개, 고양이, 소, 돼지, 닭이 그대를 슬픈 눈으로 보면서 걱정할 것이네.

인연 속에 부처 아닌 적 없었으니 모양과 소리로 부처 찾지 말고
가만히 그 찾는 마음 누구인지를 알아보면 찾고 있는 것은 없고
욕망을 버리지 못한 마음 때문에 찾는 시늉 하는 것임을 아네.

근원으로 돌아옴

이익을 보았다면 보시바라밀 행하라는 가르침입니다

불익을 보았다면 지계바라밀 행하라는 가르침입니다

비방을 들었다면 인욕바라밀 행하라는 가르침입니다

칭찬을 들었다면 정진바라밀 행하라는 가르침입니다

산란한 생각이 든다면 선정바라밀 행하라는
가르침입니다

착한 마음이 두루하면 반야바라밀 행하라는
가르침입니다

즐거운 느낌이 들어도 애착하지 않고 기뻐하지 않는

마음이 지혜입니다

괴로운 느낌이 들어도 슬퍼하고 분노하지 않는

마음이 지혜입니다

즐겁지도 괴롭지도 않은 느낌이 들어도 유혹과

위험을 보는 마음이 지혜입니다

서로 화합하고 감사하며 다투지 않는 마음이

지혜입니다

89.

이익을 보았다면 보시바라밀 행하라는 가르침입니다

해탈의 온전한 이익 얻고 보니 누구에게 알려 줄까 고민하지만
누구도 해탈의 온전한 이익에 대해 들으려고 하지 않네.
인연이 없어 입을 닫고 산속에 묻혀서 세월을 보내고 있지만
언제든지 원하는 대로 내어 줄 보시바라밀 가득 차 기다리고 있네.

참으로 귀한 부처님 말씀의 보물 언제든지 꺼내어 주려는데
건네받아 보물로 아는 이는 참으로 만나기 쉽지 않으니
다른 이익 구하는 이에게는 쓸모없어 망설임 없이 버려지네.

때가 되면 사대는 곳곳으로 흩어져 낱낱이 인연 닿는 곳으로 가는 것처럼
가지고 있다는 것, 혼자 아닌 모든 인연의 도움이 이룸이니
인연을 대신하여 올바로 떠난 님들께 바라밀로 공덕 나누고자 한다면
가르침에 귀의한다는 말, 진정한 보시바라밀을 실천하는 자리라네.

어려움 없는 인연으로 만났을 때, 참다운 가르침 들으려고 발심한다면
세상에 없는 깨어난 소리에 깊이깊이 잠들었던 자각의 종소리 울리고
참다운 이익이 무엇인지 눈을 뜨면 내면 탐구의 즐거움 알게 되고
가질 필요 없는 보시바라밀이 최상의 보시바라밀이라는 것 얻게 되네.

90.

불익을 보았다면 지계바라밀 행하라는 가르침입니다

오는 것도 가는 것도 없지만 그 속에 인연의 일 없다 할 수 없다네.
남의 살에 피 흘리게 했다면 어찌 내 살에 핏자국 없기를 바랄 수 있겠으며
남의 물건에 탐내는 마음 내었다면 내 물건 빼앗김 없기를 바랄 수 없으니,
남의 가족에 피해 주는 마음 내었다면 내 가족에 피해 없기를 바랄 수 없네.

무명으로 발생하여 무명으로 반복되니 순간적인 불쾌한 마음 바르게 보면
손실이라는 것, 나로부터 출발하여 다시 나에게로 돌아오고 있는 것이네.
다른 이가 나에게 하였다는 그 마음이 바로 무명의 첫 출발임을 알게 되면
이익과 손실에서 판단이 아닌 계를 지키는 것이 바라밀이네.

남을 위한 백 가지 일보다는 다른 이에게 해를 주지 않는 한 가지 일이 더 좋고
다른 이에게 해를 주지 않는 한 가지 일보다는 나와 네가 다르지 않음을 아는 것이
좋고
나와 네가 다르지 않음을 아는 것보다 나와 너라는 것이 없음을 아는 것이 좋고
나와 네가 없음을 아는 것보다 무엇을 나라고 하지 않는 것이 가장 좋은 일이네.

91.
비방을 들었다면 인욕바라밀 행하라는 가르침입니다

내가 아닌 것을 내가 아닌 줄 알고 있으면 비방을 들을 일이 없겠지만
내가 아닌 것을 내가 아닌 줄 모르고 있으니 언제나 비방을 듣고 있네.
무엇이 비방인 줄을 몰라 자신이 아닌 것에 대해 흥분하여 참지 못하고
자신도 자신에게 비방하면서 다른 사람에게는 비방하지 말라 말하네.

자신이 자신에게 무엇을 비방하고 있는지를 철저히 관찰하면
남이 나를 비방할 때 나도 같이 비방하는 일 없어지네.
침묵은 내가 나에게 비방하지 않는 가장 좋은 방편의 수행이니
입, 몸, 뜻으로 참으려고 애쓰지 않는 고요한 침묵, 인욕바라밀이 최고네.

내가 아닌 오온의 비방은 비방이 아니라 인연의 순환일 뿐이니
인연이 순환되는 말을 비방이라 알게 되면 비방의 본뜻 알 수 없네.
인욕바라밀 행함은 남으로부터 하는 것이 아닌 나로부터 하는 것
내가 나에게 비방하지 않으면 남에게도 비방하는 일 없어지네.

92.

칭찬을 들었다면 정진바라밀 행하라는 가르침입니다

나를 이롭게 하는 모든 말과 모양, 나의 중심을 잃어버리게 하니
모양에 대한 말을 들었다면 무엇이 나인지를 잊어버리면 안 되네.
보이고 들리는 것으로 언제나 흔들릴 수밖에 없는 현상계이지만
오히려 그것이 정진바라밀에 대한 믿음과 확신을 갖게 한다네.

좋은 말을 들으면 자신에 대해 우쭐한 마음 있겠지만
우쭐한 마음 드는 것은 작은 것을 얻고 큰 것을 잃어버리는 일이네.
조금만 주의를 기울여 일어난 일에 대해 정진바라밀 닦는다면
일어나는 아주 작은 것에서도 아주 귀한 금강석 발견하네.
좋은 조건 얻는다는 것 쉬운 일 아니니
어디에 사용되는지를 신중하게 생각하여 헛되지 않게 해야 하네.
어렵게 얻은 좋은 조건들 마음대로 사용하면 금방 사라지니
진리의 눈을 뜰 수 있는 기회 쓸모없는 곳에 사용하지 말아야 하네.

93.

산란한 생각이 든다면 선정바라밀 행하라는 가르침입니다

몸을 가지고 살아가는 삶 중에 산란하지 않을 때 없듯이
몸을 가지고 살아가는 삶 중에 선정바라밀 아닐 때 없었네.
산란한 생각 사라지고 선정바라밀이 온다고 단정하면
산란한 생각과 선정바라밀 무엇인지를 모르는 것이네.

산란한 생각이 없다면 선정바라밀은 어디에서도 찾을 수 없고
산란한 생각 때문에 선정바라밀이 무엇인지 알 수 있네.
산란한 생각이 원석이지만 보석인 줄 모르니 다듬을 수 없고
보석을 찾아 헤매나 보석이 없는 줄 모르니 수고롭기만 하네.

산란한 생각이 바로 보석인 줄 알면 따로 닦는 선정 없어지고
선정에 든다는 것 지금까지 알고 있는 행함이 아님을 알게 되네.
많은 시간 우왕좌왕하면서 걸어온 나날들이 일시에 사라지고
홀로 남은 산란한 생각 더 이상 우왕좌왕 없이 그대로 있네.

94.

착한 마음이 두루하면 반야바라밀 행하라는 가르침입니다

몸으로 사는 삶에 아는 마음 하나도 없는 줄 알아야 착한 마음 두루 해지네.
모두가 모르는 길에 놓여 헤매고 있으니
조금씩은 부딪칠 수밖에 없는 경향성 누구나 가지고 있는 줄 알게 되면
따로 착한 마음 낼 필요 없는 그 아는 마음이 바로 지혜바라밀을 행하네.

선악의 착함 아닌 오온이 내가 될 수 없는 착함을 알면
몸을 가지고 살아온 삶 중 가장 큰 자비로 모든 것에 두루함 생기네.
지혜라는 것 배우는 지식이 아니라 누구나 공평하게 가지고 있으니
누구라도 먼저 꺼내어 사용한다면 괴로움의 소멸 이루어지네.

어느 곳에 착하다는 마음 생길 수 있어 반야바라밀 행할 수 있겠는가.
반야바라밀 누구에게 사용할 곳 없으니 전해질 수도 없는
오직 그 착한 마음만이 반야바라밀을 행할 수 있는 방편임을 알아야 하네.

95.
즐거운 느낌이 들어도 애착하지 않고 기뻐하지 않는 마음이 지혜입니다

좋은 날이 길다 해도 노병사 다가오면 아무런 힘이 못 되니
좋은 날일 때 무엇이 진짜 좋은 날인지를 살피지 않고 지내네.
자신의 진짜 집 보지 못하고 화려한 가짜 집에 마음을 빼앗기니
애착하는 마음 때문에 잡은 것 분명하여 사실같이 보이고
애착하는 마음 때문에 잡은 것 사실대로 보지 못함을 모르네.

오고 감에 잡고 놓는 것 없는데 오온의 인연에 묶여
좋은 것이라 잡으려고 하고 나쁜 것이라 놓으려고 하네.
잡았다는 것 탐일 뿐이고 놓았다는 것도 탐일 뿐임이 분명하면
사물의 즐거움은 즐거움이 아니니 애착하고 기뻐할 것 없다네.

고양이는 쥐를 잡아서 먹지만 쥐를 먹는 것이 아니고
새는 애벌레를 잡아서 먹지만 애벌레를 먹는 것이 아니고
사람은 요리된 음식을 먹지만 음식을 먹는 것이 아니니
무명에 갇힌 무지가 그것을 먹고 있는 것이네.

이름으로 왔으나 이름으로 돌아가지 못함을 분명히 알게 되면
이름에 애착하고 기뻐하는 마음 없는 지혜의 꽃 피우네.

96.
괴로운 느낌이 들어도 슬퍼하고 분노하지 않는 마음이 지혜입니다

독을 과하게 쓰면 생명을 죽이지만 잘만 사용하게 되면 약이 되니
사용하는 양 잘 알기만 하면 약으로 고칠 수 없는 병도 고칠 수 있네.
괴로운 느낌으로 슬퍼하고 분노하게 되면 괴로움의 실체 알 수 없으나
괴로움이 바로 알아야 하는 진실임을 알게 되면 괴로움의 실체 드러나네.

괴로움에 들어와 괴로움 벗어나려고 하니 괴로움을 벗어날 수 없지만
괴로움에 들어와 괴로움을 벗어나려는 마음 접어버리니 쉬어지네.
괴로움이 평온인 줄 알면 구할 수 없는 평온을 구할 일 없으니
허리춤에 담긴 시원한 물병 이제야 눈에 들어오네.

지나가고 있는 모든 현상, 누구도 방해함이 있을 수 없건만
나라는 느낌이 일어나면 나로 머물러 있는 현상 같지만
탐하는 마음 때문에 내가 붙잡고 있는 것이라네.
붙잡은 괴로움이 평온의 진리되니
어리석음 사라지고 분노하는 마음 또한 사라져버리네.

97.

즐겁지도 괴롭지도 않은 느낌이 들어도 유혹과 위험을 보는 마음이 지혜입니다

잡으려는 욕망이 사라지면 오온이 평온해지는 것 같겠지만
그 평온 용광로 안에 잠깐 쏟아진 여우비라네.
욕망의 부딪힘 피할 줄 알게 되면 그 전의 일 돌이켜 볼 줄 알아야 하니
피한 것에 머무르면 완전한 바닥이 무엇인지 알지 못하네.

사물에서 일어나는 느낌은
즐겁고 즐겁지 않고, 괴롭고 괴롭지 않고, 즐겁지도 괴롭지도 않고
그 어떤 감정도 표현할 수 없는데
표현하고 있다면 대상과 대상의 불균형 때문이니
대상과 대상이 균형을 잡고 있다면 저절로 표현이 사라지네.

변화하는 것을 변화로 알고 사용하기 어려운 것은
일상사 표현의 고정성 때문이니 빠르게 변화하는 것을
누가 잡아 멈출수 있으랴.
변화하는 것을 고정해서 표현하고자 하는 그 마음 보아
변화하는 것을 변화로 알면 유혹과 위험에 빠지지 않네.

98.

서로 화합하고 감사하며 다투지 않는 마음이 지혜입니다

조건은 다른 것 같으나 처해 있는 상황은 조금도 다름없으니
누가 더 좋고 누가 더 나쁘고 따지지 말고 화합하여야 하네.
화합은 서로가 서로에게 사실을 말하는데 오해를 두지 않으니
도반의 날카로운 바른 봄이 내가 나아가야 할 바를 알려주네.

몸은 언제나 앞서 나아가고 싶어 하는 것이 당연하지만
지혜를 밝히는 일은 혼자만의 문제가 아닌 모두의 문제이네.
관계 속에서 일어나고 있는 일을 다툼으로 보고 있으니
화합하고 감사함을 잊고 옳고 그름으로 물들어 버리네.

도반의 힘으로 오온이 나라는 생각에서 빠르게 나오면
도반과 화합하여 감사할 줄 알게 되니 도반의 일깨움 듣기 어렵지 않고
화합하지 못하고 감사할 줄 모르면 도반에게 도움받기 쉽지 않으니
아상을 버리고 언제나 낮은 자세로 듣기를 바라는 것이 지혜이네.

스스로를 밝히는 일은 급류 속에 있더라도 급류를 탓함이 없네.

저잣거리로 들어가 진리의 손을 드리움

생로병사에 내가 없는 마음이 지혜입니다

여섯 감역이 내가 될 수 없는 마음이 지혜입니다

다섯 가지 집착다발이 내가 될 수 없는 마음이
지혜입니다

무상하고 괴롭고 변화하는 것은 내가 될 수 없는
마음이 지혜입니다

마음이 지혜입니다

탐욕과 성냄과 어리석음이 소멸되는 길을 아는
마음이 지혜입니다

만들어진 모든 것 꿈이고 환이고 물거품이며

그림자로 아는 마음이 지혜입니다

건질 중생 없는 것이 중생을 다 건지는 지혜입니다

끊을 번뇌 없는 것이 번뇌를 다 끊는 지혜입니다

들을 법문 없는 것이 법문을 다 배우는 지혜입니다

이룰 불도 없는 것이 불도를 다 이루는 지혜입니다

99.
생로병사에 내가 없는 마음이 지혜입니다

얇은 가사, 발우 하나, 해를 끼칠 것 하나 지니지 않고 주위를 거닐다
문득 마음이 순일하고 장애 없을 때 넌지시 건네어 보는 가르침,
듣는지 안 듣는지 상관없이 같은 소리 반복하고 지내니
미친 사람이라 여기는 이들 무엇이 진짜 미친 것인 줄 모르네.

어디를 쳐다봐도 딱히 하여야 할 소리 없건만
물질에 빠져 있던 공에 빠져 있던 나에게 생로병사 남아 있다면
하는 일 멈추고 무엇을 나로 삼고 있는지를 점검하여야 하네.
이치로 아는 것이야 이리저리 꿰어 맞추다 보면 맞아떨어지겠지만
자신을 속이는 일 쉽지 않아 저녁이면 근심 일어나는 일이네.

나 없음이 무엇인지 알면 나 없는 마음이 생길 수 없는 줄 아니
나로 삼고 있는 어느 것도 나 아님을 알고 속지 않게 되는 일이네.
나로 삼는 것이 없는 까닭에 나 없음을 알아야 하는 것 없어지고
나 없음을 알아야 하는 것 없으니 생로병사 있다, 없다 부질없네.

지어 놓은 인연이지만 돌아갈 곳을 잊어버리게 하니
온 곳을 잊어버리면 돌아갈 곳 또한 잊어버리네.

100.
여섯 감역이 내가 될 수 없는 마음이 지혜입니다

대상이 나와 다르지 않음 알게 되면 나라는 것 생길 수 없는데
의식에서 미세하게 주관하고자 하는 의도가 대상을 만나니
여섯 감역 나타나 분석하고 분별하여 좋고 나쁨을 일으키면서
의식을 나라고 하는 형성된 무명의 번뇌 일어나네.

어떤 나와 어떤 남이 따로 있지 않건만 깃들어 들어가면 나가 되니
남이라 하였다가 나라고 하고 나라고 하였다가 다시 남이라 하네.
어떤 나가 나인지 어떤 남이 나인지 알 수 없는데
나와 남으로 구분되면 태어남과 죽음의 고리 벗어나기 힘드네.

둘 속에서 나 하나를 골라내려 해도 어느 것이 나인지를 모르니
둘을 가지고 찾아본들 어느 곳에도 나라는 이름 붙어 있지 않네.
둘을 버리려는 마음 두고, 둘을 합치려는 마음 두고
고요히 앉아 남을 그대로 두고 나니 따로 나를 일으킬 필요 없었네.

이름이 없어 나라고 한 것이 굳어져 나가 되어버렸으니
굳어져 있는 나라는 이름에 나라는 이름 없음을 일러주네.

101.
다섯 가지 집착다발이 내가 될 수 없는 마음이 지혜입니다

자신이 존재한다는 것을 누구도 부정하지 않기를 바라는 이들은
잃을 것을, 못할 것을, 아무 흔적 없어지는 것을 걱정하네.
세상의 일상적인 삶 속에서 '몸과 마음이 내가 아니다.' 라고 듣는다면
누가 이 말을 듣고 환희하고 즐거워하고 기쁨의 춤을 출 수 있겠는가.

몸·가족·사회·나라를 걱정하느라 근심하지만
정작 걱정해야 하는 것을 몰라 엉뚱한 것 걱정하는 꼴이네.
이름 붙인 것들에는 걱정거리 조금도 없으니
걱정 없는 것을 걱정하는 것이 무명의 시작됨이네.

물질이 나올 때 진리 자체로 나와 진리 그 자체를 보여 주지만
물질에서 그 진리를 보지 못하고 부족함을 느껴 나아 가고자 하네.
가득 차 있는 곳에 아무리 물을 부어 본들 더 채워짐 없으니
채우고자 하는 마음 때문에 가득 차 있는 그릇을 보지 못하는 것이네.

가득 찬 물그릇을 본다면 걱정하여야 할 것 없음을 알게 되고
걱정하는 오온이 내가 아님을 아는 지혜를 얻게 되네.

102.

무상하고 괴롭고 변화하는 것은 내가 될 수 없는 마음이 지혜입니다

가진다는 것 있을 수 없는데 형성되어 있는 곳에 떠밀려 내려오면
서로가 무엇을 가져야 하는지도 모르고 경쟁하니 끝도 없는 길 위에 놓이네.
어디 가는지 모른 채 앞만 보고 무조건 달려오니 이때 뒤돌아볼 줄 알게 되면
실재하지 않은 것을 다투어 왔음이 선명하네.

무상한 것을 쫓아 가진다는 마음 내는 일이 괴로움으로 다가오니
변화하는 오온을 나의 것이라 하는 것 또한 괴로움이네.
나라는 생각, 나의 것이라는 생각 사라지니 나의 존재라는 것 사라지고
제한된 존재성 사라지니 오고 가지 않는 본래 자리로 돌아오네.

무상하다는 것 있어 무상하다고 말하는 것 아니었고
괴롭다는 것 있어 괴로움이 없다고 말하는 것 아니었으며
나의 것이 있어 나의 것이 없다고 말하는 것 아니었으니
지혜는 오직 한 번 말하고 다시는 그곳을 돌아보지 않네.

103.

탐욕과 성냄과 어리석음이 소멸되는 길을 아는 마음이 지혜입니다

온전히 오온을 내려놓고 있는 그대로 돌아오는 인연의 일
어리석음으로 보지 않으니 성냄 없이 소통하는 방법 알아지네.
인연의 부귀와 가난 어느 것을 탐욕이라 말할 수 있는 것 없고
바라밀로 나타나는 잠시의 오아시스와 사막일 뿐이라네.

부유하다고 탐욕 있는 것 아니고 가난하다고 청렴한 것 아니니
부귀에 집착하여 타인의 것에 욕심낸다면 탐욕이라 말하고
가난에서 벗어나기 위해 타인을 비방한다면 탐욕이라 말하네.

집착하는 마음이 탐욕이니 집착함이 없다면 나의 것이 없고
나의 것 아님을 잘 아니 돌려주는 마음 언제나 행복하네.
나누는 마음에 성냄 없으니 서로 열린 마음으로 오고 가고
마음과 마음 장애 없이 소통되니 어리석음 다가오지 못하네.

처음부터 탐진치 가져온 적 없으니 하루 종일 평안하고
인연으로 생긴 죽과 밥 온 곳으로 모두 돌려주는 법 안다네.
부유하든 가난하든 정성으로 일궈내면 복 밭으로 변하지만
참다운 소리에 귀를 기울이면 최고의 마음 밭 일궈내네.

104.

만들어진 모든 것 꿈이고 환이고 물거품이며 그림자로 아는 마음이 지혜입니다

세상이 먼저일까 내가 먼저일까?
뭇 삶은 태어날 때 누군가가 있어 세상이 있다는 것을 의심함 없네.
그 누군가라는 것, 어디에도 없다는 것 누가 말해줄까?
세상이라는 것, 어디에도 없는 줄 누가 말해줄까?
돌면서 떨어지고 다시 돌아와 또 떨어지고 다시 또...
아무리 말해본들 믿지 못하니 듣는다는 것 있을 수 없는 일 되네.

모양과 소리에 현혹되면 참사람을 알아볼 수 없게 된다네.
모양으로 보이지만, 모양이 아님을 이야기하여야 하고
소리로 이야기하지만, 소리에 해답이 없음을 말해 주어야만
일어나는 일체가 잡을 수 없는 것에 대한 희론인 줄 아네.

스스로가 된다는 것 나, 나의 것, 나의 세상이라는 것 없는데
없는 그것에 꿈이다, 환이다, 물거품이다, 그림자다, 어찌 말할 수 있으랴.
스스로에게는 없는 것이지만 그가 있다는 것을 고집하고 있으니
잠시의 방편으로 꿈, 환, 물거품, 그림자라는 언어를 사용하네.

완전히 공유된 세상과 한 번도 공유된 적 없는 세상이 있는데
하나는 실재의 세상이고 하나는 실재하지 않은 세상이네.
실재하는 세상은 나타남이 없고, 실재하지 않은 세상은 나타나고
뭇 삶은 실재하는 세상은 알지 못하고 실재하지 않은 세상을 믿네.
그것은 뭇 삶이 없다는 것을 바로 보지 못하기 때문이네.

나에게 보이는 세상은 내가 만들어 놓은 나만의 업의 세상이니
그 업의 세상은 나라는 무명이 만들어 놓고 겪는 연극 같은 일이네.
연극이 끝나고 나면 연극 속의 모든 일들 물거품처럼 터져버리니
연극 속의 인물 또한 연극 속에서만 겪고 있는 그림자 같은 배역일 뿐
무엇을 겪음도 없고 무엇을 겪지 않음도 없는 꿈이고 환이라네.

105.
건질 중생 없는 것이 중생을 다 건지는 지혜입니다

세상이라는 연극에는 공간에 정해짐 없으니 연출자도 없네.
다양한 인연의 연극들이 다양한 곳에서 방해함 없이 연출되고
어떨 때는 주인공, 어떨 때는 주변 인물, 어떨 때는 지나가는 사람
하나의 배역 없이 그때의 장소와 인연에 따라 배역이 정해지네.
좋은 사람, 나쁜 사람, 내가 정함 없이 정해지고
배역에 맞게 충실히 연기하다 내가 만든 연극 세상 끝날 때쯤
지나온 모든 날에 있었던 일들 누가 살아온 것인지 알 수 없네.
그때는 왜 그렇게 행동했는지, 그때는 왜 그런 말을 하였는지
자신도 모르고 상대도 모르고 어떤 누구도 아는 자가 없으니
누가 살아왔는지도 모르고 알맹이 없는 연극이 끝나버리네.

잘 사는 것보다 사실이 무엇인지를 궁금해한다면
금강석을 품고 있는 것이니 훗날은 걱정할 일이 없네.
지금이야 초라한 모습 같지만, 그 모습 진짜 모습 아니니
진짜 모습 나타나면 그 보배 얼마나 귀한 줄 알게 되네.

세상에서 배역이 없어지면 내 세상이 사라지고
누구도 배역 없이 그 자리에 그것에 맞게 그것으로 있으니
묻지 않은 것에 먼저 입을 열 수 없고, 움직여 보여줄 수 없지만
누구에게 말하는 말 아니니 귀담아들을 일은 아니네.

106.

끊을 번뇌 없는 것이 번뇌를 다 끊는 지혜입니다

살아가는 삶, 사실적인 것 없이 변화되는 것 보여주고 있는데도
사실처럼 살고 있으니 변화하는 것에 대한 진리 보지 못하네.
수많은 생각 사실이라 할 것 하나 없는데 사실처럼 알고 있으니
있지도 없지도 않은 생각을 번뇌라고 이름 지어 괴로워하네.

자신에게 맞는 것과 맞지 않는 것 무엇으로 구분할 수 있는가.
애써 구분하여 맞추어 보아도 잠시의 맞음일 뿐
시간이 지나면 그것 또한 맞지 않아 눈은 다른 곳을 보게 되니
살아간다는 마음 버리지 못하면 생각의 노예 벗어나지 못하네.

물질은 다가오는 일을 알 수도 없고 옳게 할 수도 없으니
알려고 하고 틀리지 않게 하려는 생각으로 고통에 빠지지 말게.
일어나는 생각, 사실이 아님을 알면 번뇌라 부르지 않으니
번민 없이 자연스럽게 흘러가게 둘 수 있는 지혜 생기네.

107.

들을 법문 없는 것이 법문을 다 배우는 지혜입니다

모양과 소리로 배워 익히는 것, 한평생 한다고 하지만
무엇을 포장해야 하는지 모르고 포장지만 만드는 일이네.
좋은 포장지를 만들어 차곡차곡 쌓아 놓아도
정작 마지막은 아무것도 넣지 못하고 빈손으로 끝나네.

법이라는 것 원래 포장지가 필요 없건만
장엄하려는 마음 때문에 법을 법으로 보지 못하네.
이름이라 말하지만 이름 속에 그것이라는 것 없으니
이름을 들었다고 그것을 봤다고 하여서는 안 되네.

부처님 45년 동안 길 위에서 펼치신 팔만사천 법문
듣는 자의 귀를 막는 쓸데없는 말씀이었으니
귀가 없는 이는 들을 말씀이 없어 빙긋이 웃을 줄 아네.

눈이 없으니 보이지 않는 것 없이 훤히 보이고
귀가 없으니 들리지 않는 것 없이 훤히 들리네.
눈 귀 없이 보고 듣는 법문이 참으로 듣는 법문이네.

108.

이룰 불도 없는 것이 불도를 다 이루는 지혜입니다

달리는 자 누구인지 모르고 무작정 좇아 달렸으니
어디에 가는지 알지 못함은 당연한 일이네.
잠시 가만히 쉴 때 누군지를 물으니 아무 대답 못 하고
대답해주기를 바라며 멀뚱멀뚱 바라보네.

저도 웃고 나도 웃고 한숨 돌리고 멈추어 앉아
가만히 보고 있으니, 진리를 듣고 달린 것이 아니라
사량思量으로 소리 듣고 사량으로 생각한 것 찾아다녔네.
가만히 있는 그 마음이 바로 진리임을 알고 나니
하염없이 달려온 곳 어디에도 나의 일 없었네.

흔적 속에 흔적 없는 도리 알고 보니 누구나 그 자리이고
이룰 불도 없는 불도 모두가 가지고 있는 불도임을 아네.
나에게도 할 말 없어지고 저에게도 한 말 없어지니
따로 나라는 것 필요 없이 나로서 밝아지면 이루어졌네.

| 맺음말 | 쉬는 물음

| 지휴 스님 |

"한 말씀하신 적 없다는 뜻 기쁨이 됩니다."
당신에게 108개의 문장 중 단 한 문장이라도 마음에 와닿았다면 아마 와닿은
그 마음은 글자가 아님을 알 것입니다. 그리고 그 나머지를 같은 마음으로
한 문장 한 문장 꼼꼼히 새기기를, 그리고 무엇도 언어로 남기지 않기를
바랍니다. 고삐에서 풀려나기 위한 말이지 고삐에 묶어 두기 위한 말이
아니기 때문입니다.

만약 당신이 이 책을 읽었으나 무엇을 읽은 지 모른다고 신경쓰지 마세요.
이 책 전체가 하나의 물음표가 되었다면, 비로소 미소 지을 수 있겠습니다.
단지, 던져진 물음표를 당신이 물음표로 남길 수 있기를 응원합니다.
어떠한 답도 내려 하지 말고, 찾으려 하지 않고
당신이 물음표 자체가 될 수 있다면 참으로 기쁨이 될 것입니다.

아직, 어떤 물음표도 띄우지 못했다면 다시 한번 질문을 던지겠습니다.

'나다, 나의 것이다. 나의 존재다'라는 사실이 있는가?

이 질문은 당신이 의문의 여지없이 '나'라고 이름하며 살아가는 삶에서 과연
한번이라도 떨어져 사유해 본적이 있는가를 묻습니다. 아마 '고통스럽다'고
말하면서도 이 고통이 사실인지, 이 어려움을 정말 내가 겪는 것인지에
대해서는 의문을 갖지 못했을 것입니다. '몸과 마음은 나다'라는 믿음이
남아있는 한 질문은 해결을 향해 날아갑니다. 이 해결을 위한 애씀은
해결하고 있다는 착각을 가질뿐 어떤 문제도 풀어낼 수 없습니다.

해결의 열쇠는, 해결하지 않는 물음표에 있습니다. 물음표에는 몸과
마음을 멈추게 하는 힘이 있습니다. 진실로 묻기를 그치는 물음을 갖출 때
모든 것이 멈추어집니다. 멈춤은 용기를 필요로 합니다. 그리고 놀랍게도
그 용기는, 이미 당신에게 충분합니다. 무엇도 할 필요가 없습니다. 몸과
내가 아닌, 그 물음에서 충분히 쉬는 것이 당신입니다.

이 책은 '우리절'에서 시작하여 '심우도의 108 경구'로 마무리됩니다.
책의 두 부분을 이루고 있는 절과 경구가 자칫 결이 다르게 느껴질 수
있습니다. 그러나 이 둘 모두 몸과 마음이 내가 아닌 '스스로'의 표현이니
두 덩어리지만 나뉘어 본적 없는 하나의 원과 다르지 않습니다. 물음은,
무엇도 나눌 수 없습니다.

자, 이제 – 쉼

| 저자소개 |

| 향산(香山) |

40여 년 동안 한국을 비롯한 미국 등 10여 개 국가에서 활발한
비즈니스를 영위하였다.
30여 년 전 예기치 못한 인연으로 고통과 무상함을 통감하고 부처님의
가르침과 절을 접하게 되면서 언제 어디를 가든 하루도 빠지지 않고
스스로 우리절을 해오고 있다
현재는 출가하여 부처님의 제자로서 본분에 충실하며 절, 명상 수행으로
전법에 힘쓰고 있다.

스스로 우리절 우여곡절 어리둥절

| 초판 1쇄 | 인쇄 2022년 10월 20일 |
| 초판 4쇄 | 발행 2022년 12월30일 |

지은이	향산
발행인	이원근, 조서안
편집인	공을채, 박묘솔
디자인	반하나프로젝트
삽 화	이소진
발행처	클리어마인드
출판등록	제2021-000116호(2005.3.29)
주소	서울시 종로구 삼봉로 81, 1338호(수송동, 두산위브파빌리온)
문의전화	02-6953-1081
팩스	0504-495-0439

| 홈페이지 | www.clearmind.or.kr |
| 전자우편 | 0clearmind0@gmail.com |

ISBN 978-89-93293-42-5

심우도 108 경구

클리어마인드
CLEARMIND

올바로 가신 부처님, '내가 있다'는
한 생각, 괴로움을 괴로움인 줄 모르고
살아왔습니다.
'나'와 '남'이 없는
바른 눈으로 지금 여기에서, '나'라는
고통의 뿌리를 뽑아 부처님의 참된
제자로 살겠습니다.

삼귀의

1. 거룩한 부처님께 귀의합니다.

2. 거룩한 가르침에 귀의합니다.

3. 거룩한 떠난 님께 귀의합니다.

1단계
소를 찾아 나서다

4. 애초에 이름 없는데 찾는 마음 무엇입니까?

5. 내 생각으로 경을 본다면 경을 본 것이 아닙니다.

6. 여래는 모양과 소리로 찾을 수 없습니다.

7. 한 말씀하신 적 없다는 뜻 기쁨이 됩니다.

8. 지금부터 보여질 것이 기쁨이 됩니다.

9. 지금부터 들려질 것이 기쁨이 됩니다.

10. 지금부터 알려질 것이 기쁨이 됩니다.

11. 지금부터 하여질 것이 기쁨이 됩니다.

12. 참된 도반이 함께하여 기쁨이 됩니다.

13. 한발 한발 가르침에 젖어 들겠습니다.

2단계
소의 자취를 발견하다

14. 한 생각 물든 마음이 괴로움으로 알아집니다.

15. 생각 생각 이어가는 마음이 집착으로 알아집니다.

16. 한 생각 바로 알아차림이 소멸로 알아집니다.

17. 하나되어 본 적 없음이 바른길로 알아집니다.

18. 올바른 가르침이 바른 견해로 알아집니다.

19. 사량분별 없음이 바른 사유로 알아집니다.

20. 존중하는 마음이 바른 언어로 알아집니다.

21. 함이 없는 선행이 바른 행위로 알아집니다.

22. 두루 살피는 언행이 바른 생활로 알아집니다.

23. 방일하지 않는 노력이 바른 정진으로 알아집니다.

24. 가르침의 수호가 바른 새김으로 알아집니다.

25. 가르침으로 향하는 전념이 바른 집중으로 알아집니다.

26. 이것이 있으므로 저것이 있습니다.

27. 이것이 일어나므로 저것이 일어납니다.

28. 이것이 없으므로 저것이 없습니다.

29. 이것이 사라지므로 저것이 사라집니다.

30. 바른 가르침 들리니 분별 속에 있었다는 것이 알아집니다.

3단계
소를 보다

31. 네 가지 진리 알지 못함이 무명이었습니다.

32. 무명의 거짓된 업력이 형성이었습니다.

33. 형성의 거짓된 인식이 의식이었습니다.

34. 의식의 거짓된 표현이 명색이었습니다.

35. 명색의 거짓된 모양이 육입이었습니다.

36. 육입의 거짓된 환상이 접촉이었습니다.

37. 접촉의 거짓된 감각이 느낌이었습니다.

38. 느낌의 거짓된 싫고 좋음이 갈애였습니다.

39. 갈애의 거짓된 '나'가 집착이었습니다.

40. 집착의 거짓된 '나의 것'이 존재였습니다.

41. 존재의 거짓된 '나의 자아'가 태어남이었습니다.

42. 태어남의 거짓된 몸이 늙고 죽음이었습니다.

43. 바르게 듣고 보니 모양과 소리에 실체 없음이 전해집니다.

4단계
소를 얻다

44. 본래 부처라고 믿는 마음이 대신심입니다.

45. 오온을 나라고 하는 자에 대한 의문이
    대분심입니다.

46. 생각으로 헤아리는 자에 대한 의문이
    대의심입니다.

47. 균형을 잃지 않음이 염각지입니다.

48. 선택해야 할 것 없음이 택법각지입니다.

49. 양변에 치우침 없음이 정진각지입니다.

50. 물질과 비물질의 벗어남이 희각지입니다.

51. 경계에 흔들림 없음이 경안각지입니다.

52. 경계가 사라짐이 정각지입니다.

53. 버려야 할 것 없는 것이 사각지입니다.

54. 다툼이 사라지니 나누고 싶은 마음 간절합니다.

5단계
소를 기르다

55. 알아차림과 새김으로 근심을 제거하며,
    몸에 대해 몸을 관찰합니다.

56. 알아차림과 새김으로 근심을 제거하며,
    느낌에 대해 느낌을 관찰합니다.

57. 알아차림과 새김으로 근심을 제거하며,
    마음에 대해 마음을 관찰합니다.

58. 알아차림과 새김으로 근심을 제거하며,
    사실에 대해 사실을 관찰합니다.

59. 몸의 무상함 마음에 들립니다.

60. 입의 무서움 마음에 들립니다.

61. 생각의 해로움 마음에 들립니다.

62. 태어남이 있으면 탐심이 일어납니다.

63. 이룸이 있으면 성냄이 일어납니다.

64. 죽음이 있으면 어리석음이 일어납니다.

65. 다르다는 마음 사라지니 너와 나 본래 없음이
    전해집니다.

6단계
소를 타고 집에 돌아가다

66. 청정하여 물들지 않는 것이 계향입니다.

67. 자성은 경계에 움직임 없는 것이 정향입니다.

68. 구분하되 물듦 없는 자재함이 혜향입니다.

69. 너와 나 없는 두루함이 해탈향입니다.

70. 오고 감 없는 일체함이 해탈지견향입니다.

71. 분별하는 마음 두고 여여히 보냅니다.

7단계
소를 잊고 사람만 남다

72. 삼계에 경계가 없습니다.

73. 사대에 내가 없습니다.

74. 오온에 실체가 없습니다.

75. 육근에 뿌리가 없습니다.

76. 육경에 모양이 없습니다.

77. 육식에 바탕이 없습니다.

78. 뒤돌아보니 찾았다는 마음 흔적도 없었습니다.

8단계
사람도 소도 잊다

79. 선정이 욕망을 멀어지게 합니다.

80. 멀어지게 하는 힘이 집중하게 합니다.

81. 집중하게 하는 힘이 냉철하게 합니다.

82. 냉철하게 하는 힘이 청정하게 합니다.

83. 청정하게 하는 힘이 공간을 무한하게 합니다.

84. 공간이 무한하므로 마음 작용이 무용합니다.

85. 마음 작용이 무용하므로 머물 곳이 없어집니다.

86. 머물 곳이 없어지므로 처음이 해소됩니다.

87. 처음이 해소되므로 끝이 소멸됩니다.

88. 연기를 보는 자는 진리를 보고 진리를
    보는 자는 여래를 봅니다.

9단계
근원으로 돌아옴

89. 이익을 보았다면 보시바라밀 행하라는
    가르침입니다.

90. 불익을 보았다면 지계바라밀 행하라는
    가르침입니다.

91. 비방을 들었다면 인욕바라밀 행하라는
    가르침입니다.

92. 칭찬을 들었다면 정진바라밀 행하라는
    가르침입니다.

93. 산란한 생각이 든다면 선정바라밀 행하라는
    가르침입니다.

94. 착한 마음이 두루하면 반야바라밀 행하라는
    가르침입니다.

95. 즐거운 느낌이 들어도 애착하지 않고
    기뻐하지 않는 마음이 지혜입니다.

96. 괴로운 느낌이 들어도 슬퍼하고 분노하지
    않는 마음이 지혜입니다.

97. 즐겁지도 괴롭지도 않은 느낌이 들어도
    유혹과 위험을 보는 마음이 지혜입니다.

98. 서로 화합하고 감사하며 다투지 않는
    마음이 지혜입니다.

10단계
저잣거리로 들어가
진리의 손을 드리움

99. 생로병사에 내가 없는 마음이 지혜입니다.

100. 여섯 감역이 내가 될 수 없는 마음이
　　　지혜입니다.

101. 다섯 가지 집착다발이 내가 될 수 없는
　　　마음이 지혜입니다.

102. 무상하고 괴롭고 변화하는 것은 내가
　　　될 수 없는 마음이 지혜입니다.

103. 탐욕과 성냄과 어리석음이 소멸되는 길을
　　　아는 마음이 지혜입니다.

104. 만들어진 모든 것 꿈이고 환이고 물거품이며
　　　그림자로 아는 마음이 지혜입니다.

105. 건질 중생 없는 것이 중생을 다 건지는
지혜입니다.

106. 끊을 번뇌 없는 것이 번뇌를 다 끊는
지혜입니다.

107. 들을 법문 없는 것이 법문을 다 배우는
지혜입니다.

108. 이룰 불도 없는 것이 불도를 다 이루는
지혜입니다.

올바로 가신 부처님,
늙고 병들고 죽고 태어남이
없는 줄 모르고 티끌 같은 몸과
마음을 따라왔습니다.
이제 진리의 가르침에서 물러나지 않고
떠난 적 없는 참성품에 머물겠습니다.

참회게

원하오니 사생육도 모든중생들

다겁생래 지은업장 없애주소서

저희이제 간절하게 참회하오니

모진악업 나쁜번뇌 녹여버리어

세세생생 보살도를 성취하옵길

정성다해 머리숙여 절하옵니다

회향게

바라오니 이공덕이

모두에게 두루미쳐

나와모든 중생들이

부처님의 옳고바른

가르침에 태어나서

나고죽음 없음알아

열반으로 누려지이다

나무

　석가모니불

나무

　석가모니불

나무

　시아본사 석가모니불

마하반야바라밀다심경

관자재보살이 깊은 반야바라밀다를 행할 때,
오온이 공한 것을 비추어 보고 온갖 고통에서
건너느니라. 사리자여! 색이 공과 다르지 않고
공이 색과 다르지 않으며, 색이 곧 공이요
공이 곧 색이니, 수 상 행 식도 그러하니라.

사리자여! 모든 법은 공하여 나지도 멸하지도
않으며, 더럽지도 깨끗하지도 않으며,
늘지도 줄지도 않느니라.
그러므로 공 가운데는 색이 없고 수 상 행 식도
없으며, 안 이 비 설 신 의도 없고,
색 성 향 미 촉 법도 없으며,

눈의 경계도 의식의 경계까지도 없고,
무명도 무명이 다함까지도 없으며,
늙고 죽음도 늙고 죽음이 다함까지도 없고,
고 집 멸 도도 없으며, 지혜도 얻음도 없느니라.

얻을 것이 없는 까닭에 보살은 반야바라밀다를
의지하므로 마음에 걸림이 없고 걸림이 없으므로
두려움이 없어서, 뒤바뀐 헛된 생각을 멀리 떠나
완전한 열반에 들어가며,
삼세의 모든 부처님도 반야바라밀다를
의지하므로 최상의 깨달음을 얻느니라.

반야바라밀다는 가장 신비하고 밝은 주문이며
위없는 주문이며
무엇과도 견줄 수 없는 주문이니,
온갖 괴로움을 없애고 진실하여 허망하지 않음을
알지니라.

이제 반야바라밀다주를 말하리라.
아제아제 바라아제 바라승아제 모지 사바하
아제아제 바라아제 바라승아제 모지 사바하
아제아제 바라아제 바라승아제 모지 사바하